TIR A MÔR

BRYN WILLIAMS

Cyhoeddwyd yn 2015 gan
Wasg Gomer, Llandysul, Ceredigion SA44 4JL

ISBN 978-1-84851-851-3

Dylunio: Aboud Creative www.aboud-creative.com

Steilydd y bwyd: Annie Rigg www.annierigg.com

Dymuna'r cyhoeddwyr gydnabod cymorth Cyngor Llyfrau Cymru.

Argraffwyd a rhwymwyd yng Nghymru gan
Wasg Gomer, Llandysul, Ceredigion.
www.gomer.co.uk

TIR A
MÔR

BRYN WILLIAMS

GYDA CATRIN BEARD

I Alwyn, am roi'r cyfle cynta i mi, ac am ei gefnogaeth hyd heddiw

CYNNWYS

CYNNWYS

RHAGAIR

Mae'n bleser gen i gyflwyno'r gyfrol hon, sy'n garreg filltir bwysig i fi.

Nid dyma'r gyfrol gynta i mi ei chyhoeddi, ond hon ydi'r gynta yn Gymraeg. Wrth i mi agosáu at ddeugain oed, mae'n gyfnod da i edrych yn ôl ar fy mywyd ac ystyried o ble dwi wedi dod, lle rydw i rŵan ac i ble dwi'n mynd nesa.

Drwy adrodd hanes fy nhaith, o'r dyddiau pan o'n i'n hogyn bach yn chwarae yng nghefn gwlad sir Ddinbych, i'r presennol, a finne'n rhedeg dau dŷ bwyta, dwi'n gobeithio dangos fy angerdd dros fwyd a choginio, a'r penderfyniadau a'r dylanwadau sy wedi dod â fi i'r lle rydw i heddiw.

Does yr unman yn well na thir a môr Cymru, a dyna sydd wedi ysbrydoli'r rysetiau yn y gyfrol hon. Mae'r cyfan ar ein trothwy ni, a thrwy fanteisio ar ein cynnyrch blasus ein hunain, gallwn ni annog pobl eraill i'w werthfawrogi hefyd.

Gobeithio y cewch chi flas – ar yr hanes ac ar y bwyd.

BRYN WILLIAMS
HYDREF 2015

BARA

Dwi'n meddwl y bydde hi wedi bod yn amhosib i fi dyfu fyny yn Nyffryn Clwyd heb gael diddordeb mewn bwyd. Does 'na'm ardal debyg iddi drwy Gymru – drwy Brydain, hyd yn oed. Wrth gwrs, dyna fyddech chi'n disgwyl i fi ei ddweud – wedi'r cyfan, dyna lle dwi'n ei alw'n 'adre' – ond dwi'n hollol siŵr bod y tir, y bobl a'r fagwraeth ges i yng nghanol byd natur a phrydferthwch y dyffryn wedi gwneud i mi ddeall beth ydi cig, llysiau a ffrwythau o'r ansawdd gorau, ac mae'r ddealltwriaeth honno'n gwbl sylfaenol i'r ffordd dwi'n meddwl am fwyd. Dyma'r sail mae fy ngyrfa wedi'i hadeiladu arni.

Mae Dyffryn Clwyd yn ardal gyfoethog iawn o ran ei thir, a ffermydd mawr a bach yn frith ar hyd y fro, rhai'n cael eu gweithio gan yr un teuluoedd ers canrifoedd. Pan o'n i'n hogyn ifanc, ro'n i'n ddigon lwcus i gael treulio pob munud sbâr ar fferm Yncl Arwyn, cefnder fy nhad. Roedd Taid wedi ffermio yn Llwyn Mawr, Llanrhaeadr, o'i flaen, felly roedd gwreiddiau'r teulu'n ddwfn yn y caeau a'r coedydd, a phob penwythnos, beth bynnag oedd y tywydd, bydde Dad a fi'n mynd yno i weithio. Wn i ddim faint o ffermydd fel hyn sydd ar ôl bellach – bryd hynny roedd Llwyn Mawr yn cynnwys gwartheg eidion, gwartheg godro, defaid a hanner cant o foch yn ogystal â llysiau, ac roedd yn fusnes teuluol go iawn. Roedd rhywbeth i'w wneud yno drwy'r amser, ac ro'n inne, fel hogyn ifanc llawn egni a brwdfrydedd, wrth fy modd yn helpu ac, wrth i fi dyfu'n hŷn, yn ysgwyddo mwy o gyfrifoldeb.

Roedden ni'n dîm da, Dad, Yncl Arwyn a fi – yn deall ein gilydd yn iawn ac yn rhoi help llaw i'n gilydd. Dyna ydi traddodiad y tir, ac nid yn unig o fewn teuluoedd. Ar wahanol adegau yn ystod y flwyddyn, wrth i'r cylch amaethyddol droi, bydde pobl yr ardal yn tynnu gyda'i gilydd, ac yn mynd i helpu lle'r oedd angen. Dyma gymuned go iawn, a honno'n un gwbl Gymraeg – pawb yn nabod pawb ac yn rhannu pethau. Dwi'n cofio Yncl Arwyn yn aml yn mynd â chwningod roedd o wedi'u saethu, neu dalpiau o goed roedd o wedi'u torri at bobl yn y pentre, ac yn cael potelaid o win neu fagiad o lysiau yn ôl ganddyn nhw.

Roedd hi'n well o lawer gen i fod ar y fferm nag yn yr ysgol. Roedd teimlo'r awyr iach ar fy nghroen a phrofi'r ffordd roedd ogleuon natur yn newid efo'r tymhorau wrth i fi redeg trwy'r coed neu adeiladu cwch bach o frigau i nofio i lawr y nant yn gymaint mwy o hwyl nag eistedd yn y dosbarth. Y coed oedd y lle gorau i chwarae i fi a 'mrodyr, Siôn a Gareth, ar y swing oedd wedi'i chodi yno, neu yn y tŷ coed lle'r oedd cymaint o gemau'n dechrau. Roedden ni ar goll yn ein byd ein hunain, ymhell o ffurfioldeb yr ysgol.

Efallai nad o'n i'n gwybod hynny ar y pryd, ond ro'n i'n dysgu gwersi hynod werthfawr ar gaeau ac yng nghoedydd Llwyn Mawr. I fi fel hogyn bach, bydde'r syniad o redeg tŷ bwyta yng nghanol Llundain wedi bod mor ddiarth â cherdded ar y lleuad, ond dwi'n gwbl siŵr bod y cyfan ddysgais i am natur yn y cyfnod hwnnw yn help i mi hyd heddiw, ac yn dal i fy helpu i ddeall cynnyrch y tir yn reddfol. Mi fedrwch chi ddysgu sut i goginio a thrin bwyd ar gwrs coleg, ond fedrwch chi ddim dysgu greddf i neb.

Wrth gwrs, dydi hogiau bach ddim fel arfer yn meddwl ryw lawer am fwyd. Rhywbeth i'ch cadw chi i fynd oedd o – tanwydd i yrru'r corff er mwyn rhedeg a chwarae a gweithio ar y fferm yn bennaf. Ond wrth edrych yn ôl, mae'n rhyfedd cymaint o ran mae bwydydd gwahanol yn ei chwarae yn fy atgofion i. Wrth gwrs, holl bwrpas y fferm ydi cynhyrchu bwyd, yn gig, llysiau, wyau a llefrith, felly roedd y syniad o ddarparu bwyd, a hwnnw o safon uchel, yn rhan o batrwm bywyd.

Er bod Mam yn gwneud bwyd arbennig i ni bob dydd, un lle ro'n i wrth fy modd mynd iddo oedd i fyny'r stryd i dŷ Nain. Doedd ond rhaid cerdded drwy'r drws a bydde oglau coginio'n eich taro'n syth. Doedd neb fel Nain am goginio – yn enwedig cacennau. Roedd yn grêt pan oedd Mam a Dad i ffwrdd, achos bydden ni'n mynd yno o'r ysgol, ac roedd Nain bob amser yn paratoi llond plât o fwyd i ni, ac yn hapus iawn i wneud beth bynnag roedden ni am ei gael. A doedd dim bwys pryd fydden ni'n mynd yna, bydde gan Nain focs o *Welsh cakes* yn barod amdanon ni.

Felly drwy fyw yng nghanol bwyd – ei fagu a'i dyfu, ei baratoi a'i fwyta – yn raddol, dechreuodd rhywbeth ddeffro ynof i. Mae pob hogyn bach yn breuddwydio beth mae o am ei wneud ar ôl tyfu i fyny, a tasech chi'n gofyn i Mam a Dad beth roedden nhw'n meddwl fyswn i'n ei wneud, bysen nhw'n dweud mai rhywbeth i'w wneud efo bwyd fyse hynny. Ro'n i wrth fy modd yn gwneud cacennau efo Nain, ac yn helpu mwy a mwy efo paratoi cinio dydd Sul.

Ond dwi'n gallu nodi'n gwbl bendant y digwyddiad wnaeth osod y cyfeiriad i fi. Yn y dosbarth hynaf yn Ysgol Twm o'r Nant, pan o'n i'n rhyw ddeg oed, roedden ni'n gwneud prosiect. Roedd archfarchnad newydd wedi agor yn yr ardal, ac roedd y prosiect yn cymharu cynnyrch y siop newydd â bwydydd o siopau eraill. Dyma ni'n rhoi dau ddarn o fara mewn bagiau – un o'r archfarchnad, a'r llall yn ffres o'r becws – i weld pa un fydde'n mynd yn ddrwg gynta. Ryw ddau ddiwrnod barodd y bara ffres, tra oedd bara'r archfarchnad yn dal yn iawn wythnos yn

▲ Un uchelgeisiol fues i erioed...

▲ Cwpanau a gwobrau un tymor o nofio

▲ Nain Gilfach a fi ym Mharc Rhuthun

Rasio ceir ym Mhrestatyn efo Dad ▲

Dad, fi a Siôn (yn y cap) yn pysgota ar wyliau yn Sir Fôn ▲

▲ Beicio ar ein gwyliau: Siôn, Mam a fi

▲ Aeth Dad â fi, Gareth a Siôn i ben Tŵr Blackpool. Doedd Mam ddim yn hapus!

Dad yn gwneud yn siŵr fod pob dim yn iawn rhwng rasys, efo Mam a fi ▲

Helpu Dad i atgyweirio teiar beic ▲

ddiweddarach. Pwrpas hyn oedd dangos i ni pa gynhwysion oedd yn y gwahanol fwydydd a fydde'n golygu eu bod yn cadw neu'n pydru. Rhan bwysig o'r prosiect oedd ymweliad â becws Alwyn Thomas yng nghanol Dinbych. Dwi ddim yn cofio'n union be wnaethon ni yno, ond cawson ni gyfle i dylino toes neu baratoi bara mewn rhyw ffordd, mae'n siŵr. Ond beth bynnag oedd y dasg, mi gydiodd yn fy nychymyg i'n fwy nag unrhyw beth erioed. Roedd hwn yn rhywbeth ro'n i'n gallu ei wneud – roedd yn dod yn gwbl naturiol i mi.

Wrth weld Alwyn yn paratoi'r bara, yn gosod y cynhwysion syml gyda'i gilydd yn y ffordd iawn ac wedyn eu coginio nhw i greu rhywbeth mor flasus, mi

sylweddolais i am y tro cynta fod coginio'n gallu bod yn rhywbeth hudol. Wrth gwrs, roedd Alwyn yn feistr ar ei grefft, ac mae'n dal i fod, a'i holl flynyddoedd o brofiad yn rhan o bob torth sy'n dod allan o'r popty.

Ar ôl yr ymweliad hwnnw, mae'n debyg fy mod i wedi bod yn boen am flwyddyn a mwy, yn holi bob munud am y becws ac yn gofyn faswn i'n cael mynd yno i weithio. Un pnawn, roedd Dad wedi cael llond bol, felly dyma fo'n cerdded i lawr yno efo fi i holi a fydde'n bosib i mi gael swydd yn gwneud rhywbeth – unrhyw beth – ar ddydd Sadwrn. Mae'n rhaid bod Alwyn wedi gweld 'mod i o ddifri, a meddwl bod 'na ryw addewid ynof i, achos chware teg iddo, mi roddodd swydd i fi a finne'n ddim ond deuddeg oed. Ro'n i wrth fy modd – pedair awr yr wythnos am 60 ceiniog yr awr. Hyd yn oed ar ddiwedd yr wythdegau doedd hwnna ddim yn gyflog gwych, ond nid yr arian oedd yn bwysig. Dwi ddim wir yn meddwl bod neb wedi disgwyl i mi ddal ati, ond unwaith i fi gael fy nhroed i mewn drwy'r drws, doedd ddim ffordd roedd Alwyn yn mynd i gael fy ngwared i. Ces i fwy na chyflog dros y pum mlynedd fues i'n gweithio yno – mi ges i ddysgu cymaint am bobi a rhedeg y siop, a gweithio mewn tîm go iawn i greu cynnyrch blasus i bobl.

Ar y dechrau, roedd rhaid i fi ddysgu am y siop ei hun. Roedd yn agor am naw o'r gloch, felly byswn i'n cyrraedd cyn hynny i osod y bara yn y ffenest. Ar ôl i fi wneud hyn am y tro cynta, gyrrodd Alwyn fi allan drwy'r drws i sefyll ar y pafin ar ochr arall y stryd. Roedd o am i fi weld sut roedd y siop yn edrych o'r tu allan. 'Rhaid i ti gofio,' medde fo, 'fod pobl yn cerdded pasio, ac os nac 'di'r siop yn edrych yn dda, maen nhw'n dal i fynd.' Roedd honno'n wers bwysig – blas y bwyd ydi'r peth pwysicaf, wrth gwrs, ond mae'r ffordd mae o'n edrych yn gwneud llawn gymaint o argraff, ac yn denu cwsmeriaid i mewn i'r siop i brynu'r bwyd a mwynhau ei fwyta.

Roedd gan Alwyn dair siop, ac roedd o'n delifro i fusnesau eraill yn yr ardal hefyd. Roedd yn dipyn o waith mynd â phethau o le i le, ac yn aml ro'n i'n cael mynd yn y fan. Ambell waith, bydde un o'r cwsmeriaid yn canmol rhyw gacen neu fara arbennig, a dwi ddim yn meddwl wna i fyth anghofio'r teimlad o falchder wnaeth lifo drwydda i pan ges i fy nghanmol am y tro cynta am rywbeth ro'n i wedi'i wneud fy hun.

Dros y blynyddoedd ers y cyfnod efo Alwyn Thomas yn y becws yng nghanol Dinbych, dwi wedi gweithio gyda chogyddion sy'n cael eu cyfri ymhlith y gorau drwy'r byd. Mae'n bosib iawn eu bod nhw'n haeddu'r statws yna, ond mi ddysgais i fwy gan Alwyn na gan yr un ohonyn nhw.

◄ Fy mentor cynta – Alwyn Thomas o'r becws

CYFLE

Dydw i ddim erioed wedi bod yn un am eistedd yn llonydd – dwi ar fy ngorau pan dwi'n brysur, a bob amser yn gorfod cael rhywbeth i lenwi fy amser. O'r adeg pan o'n i tua 12 oed, ro'n i'n mynd i nofio am awr bob bore cyn mynd i'r ysgol. Ro'n i'n cael lifft i'r Rhyl tua chwech o'r gloch, yna hyfforddi am awr cyn cael brecwast yn y ganolfan chwaraeon a mynd ar y bws i Ysgol Glan Clwyd. Ro'n i wrth fy modd efo rygbi hefyd, ac yn chwarae pob penwythnos nes i'r gwaith yn y becws gymryd drosodd a finne'n rhyw 14 oed. Gan fod pawb isio bara yn y bore, roedd rhaid i fi fod yno erbyn pedwar o'r gloch ar fore Sadwrn. Mi ddes i arfer efo boreau cynnar a chodi o 'ngwely tra oedd pawb arall yn cysgu – rhywbeth ddaeth yn ffordd o fyw yn ddiweddarach wrth weithio mewn tai bwyta yn Llundain.

Mecanic ydi Dad, a pheth arall ro'n i'n ei fwynhau oedd ei weld o'n trin peiriannau. Drwy'r cyfnod yma, yn enwedig yn yr haf, roedden ni'n dau'n bachu ar bob cyfle posib i fynd i rasio ceir ar y traciau ralio gwair. Mae 'na rywbeth arbennig iawn am geir cyflym a'r cyffro sydd i'w gael ynddyn nhw, a phan o'n i'n 15 oed, fe enillais i Bencampwriaeth Rasio Gogledd Cymru ym Mhrestatyn. Dwi'n dal i licio ceir cyflym rŵan, ond wrth i'r coginio gymryd mwy a mwy o amser, roedd rhaid i fi roi'r gorau i hynny hefyd.

Ar ôl bod yn y becws am gwpwl o flynyddoedd ar ddydd Sadwrn ac yn ystod gwyliau'r ysgol, mi ges i swydd arall hefyd, yn gweithio yn nhŷ bwyta Melin Brwcws yn Ninbych, bob nos Wener, nos Sadwrn a dydd Sul. Roedd hon yn cynnig mwy o amrywiaeth i fi, a chyfle i hyfforddi fel *commis chef*, oedd yn brofiad da wrth i mi ddechrau dysgu fy nghrefft.

Roedd y blynyddoedd yma o weithio'n sylfaen wych, a doedd dim amheuaeth mai i Goleg Llandrillo y byswn i'n mynd yn 16 oed i ddysgu mwy. Er 'mod i wedi cymryd at bobi'n gwbl naturiol, wrth i fi edrych ar y cyrsiau, cyngor pendant Alwyn oedd mynd am gwrs ehangach. 'Mae gen ti sbarc,' medde fo. 'Mi fyddi di'n gallu creu platiad da o fwyd.'

Felly es i am y cwrs *Kitchen and Larder Work*, oedd yn dysgu am fwyd a phob math o dechnegau coginio. Yn y flwyddyn gynta, roedden ni'n gwneud popeth – pobi, coginio, bwtsieriaeth, dipyn bach o bob dim. Wrth gwrs, yn y gwersi pobi, roedd y cyfan yn dod yn hawdd iawn i fi, ac mi es i drwy'r gwaith mewn tri mis yn lle naw. Roedd yr athro'n synnu, ond unwaith i fi esbonio 'mod i'n gweithio efo Alwyn ers pum mlynedd, roedd yn deall yn iawn – mi fuodd Alwyn yn dysgu yn y coleg ar un adeg, ac roedd unrhyw un oedd wedi dysgu ganddo fo'n bownd o fod yn gwybod ei stwff.

Roedd y gwaith yn y becws ac ym Melin Brwcws yn golygu 'mod i ar y blaen efo nifer o rannau o'r cwrs, ac roedd yr athrawon yn rhoi pob cyfle i fi – os oedden nhw'n gweld myfyriwr yn dysgu'n gyflym ac yn ymdopi efo'r gwaith yn dda, roedden nhw'n helpu mwy ac yn gwneud yn siŵr eich bod chi'n cael eich gwthio. Dwi wir yn gwerthfawrogi cefnogaeth yr holl bobl welodd botensial ynof i a fy ngwthio i'r cyfeiriad cywir, fel Alwyn a'r athrawon. Mae gen i lawer i ddiolch iddyn nhw amdano. Does 'na'm byd yn fwy pwysig na meithrin pobl ifanc – cymryd amser i weld eu talentau, dangos y ffordd iddyn nhw a chynnig help llaw. Mae fy rhieni i wedi fy nghefnogi i bob cam o'r ffordd hefyd – yn mynd â fi yn y car ar hyd y lle bob awr o'r dydd yn un peth. Yna pan drois i'n 16, holodd Dad fyswn i'n licio cael moped. Roedd o'n gweld 'mod i'n gweithio'n galed, ac yn ennill dipyn o arian, felly cynigiodd o brynu'r moped ac wedyn mi fyswn i'n ei dalu fo'n ôl dros y flwyddyn. Doedd dim stop arna i wedyn!

Ryw 17 oed o'n i pan rois i'r gorau i weithio yn y becws. Doedd jest dim digon o oriau yn yr wythnos i wneud pob dim. Erbyn hyn, ro'n i'n canolbwyntio ar goginio'n fwy eang ac isio datblygu cymaint ag o'n i'n gallu. Ges i swydd am gyfnod yng ngwesty'r Imperial yn Llandudno, ac roedd hwn eto'n brofiad da – tase fo ond i ddangos i fi nad o'n i isio gyrfa'n gweithio mewn gwesty.

Ro'n i'n hollol siŵr erbyn hyn mai mewn tŷ bwyta ro'n i am fod, ac o'r diwedd, dyma swydd yn codi yn un o'r goreuon yng ngogledd Cymru – y Café Niçoise ym Mae Colwyn. Roedd hwn yn gam i fyd gwahanol. Bwyd Ffrengig oedd y sylfaen, a'r prydau'n glasurol a safonol dros ben. Dyma lle newidiodd popeth – gweithio dan Carl Swift, oedd yn gogydd uchel iawn ei barch, a chael blas ar ddysgu coginio yn y dull Ffrengig.

Roedd y nawdegau'n gyfnod pan ddechreuodd *chefs* ddod yn enwog – yn sêr – ac roedden nhw'n arwyr i ni yn y coleg. Ges i fenthyg copi o gyfrol Marco Pierre White, *White Heat*. Maen nhw'n dweud mai hwn ydi un o lyfrau mwyaf dylanwadol ei gyfnod – hanes bywyd Marco, a hefyd lluniau ohono'n gweithio yn ei gegin yn ogystal â rysetiau.

Roedd Marco Pierre White yn wahanol i'r syniad traddodiadol o *chef*. Roedd yn gymeriad mawr ac yn edrych fel seren roc, ac yn ddigon bodlon tynnu pobl i'w ben – roedd sôn ei fod yn taflu pobl allan o'i dŷ bwyta os oedden nhw'n cwyno neu'n dweud rhywbeth doedd o'm yn ei hoffi. Cafodd ei fagu yn Leeds yn fab i *chef*, felly roedd coginio yn ei waed, a gan mai Eidales oedd ei fam, roedd yn gallu manteisio ar ddiwylliant Môr y Canoldir hefyd wrth greu bwydlenni i dynnu dŵr o ddannedd ei gwsmeriaid. Enillodd ei seren Michelin gynta cyn iddo fod yn 30 oed, ac erbyn iddo gyrraedd 33, fo oedd y *chef* ieuengaf ym Mhrydain i gael tair seren. Fawr o syndod, felly, ei fod yn dipyn o arwr i hogiau ifanc oedd yn gobeithio cael symud i fyw yn ei fyd o ryw ddydd.

Mi ddarllenais i'r llyfr o glawr i glawr: roedd o fel gweld fy mreuddwyd i'n fyw o 'mlaen i ar y tudalennau – dyma beth o'n i isio. Do'n i ddim yn gallu meddwl am ddim byd arall – coginio, y *rock'n'roll* newydd. Mae'n siŵr 'mod i wedi drysu Carl druan yn y Café Niçoise yn siarad amdano'n ddi-baid, ond unwaith eto, ro'n i'n lwcus iawn mod i'n gweithio i rywun oedd yn gallu helpu. Fe welodd Carl 'mod i o ddifri, a'i gyngor o oedd mynd i Lundain i gael hyfforddiant go iawn.

Ar ôl cael fy swyno gymaint gan *White Heat*, efo Marco Pierre White o'n i isio bod, ond yn ôl Carl, dylwn i drio mynd i Le Gavroche at y brodyr Roux. Roedd y ddau frawd, Michel ac Albert, wedi dod draw o Ffrainc yn ystod y chwedegau, ac agor tŷ bwyta Ffrengig a dyfodd i fod yn andros o lwyddiannus – y *restaurant* cynta ym Mhrydain i ennill tair seren Michelin. Y ddau yma sydd wedi siapio'r diwydiant coginio dros yr hanner can mlynedd diwetha, ac mae'r *chefs* gorau i gyd wedi hyfforddi odanyn nhw. Yn anffodus, yn ugain oed, ro'n i'n rhy ifanc i fynd atyn nhw, ond roedd Carl yn benderfynol y bydde lle i fi yn rhywle. A rhyw fis wedyn, yn y *Caterer Magazine*, dyma fi'n gweld yr hysbyseb ro'n i wedi bod yn aros amdani – roedd Marco Pierre White ei hun isio staff. Dyma ei dangos i Carl, heb wybod yn iawn sut i fynd ati i drio am y swydd, a dyma fo'n cydio yn y ffôn, deialu rhif a phasio'r *receiver* i fi. 'There you go,' medde fo, 'it's ringing.' A chyn i fi hyd yn oed gael amser i feddwl be i'w ddweud, ro'n i'n esbonio pwy o'n i a beth o'n i isio.

A dyma fo o'r diwedd – y cyfle mawr. Ges i wahoddiad i Lundain, nid am gyfweliad, ond i weithio am wythnos yn y gegin – am ddim – i drio cael y swydd. Dim ond un swydd oedd ar gael, ac wrth gerdded i mewn fe welais i fod 'na bedwar ohonon ni'n mynd amdani. Dwi'n meddwl mai dyna pryd wnaeth y *streak* penderfynol ynof fi gicio i mewn. Wrth edrych ar y lleill oedd efo'r un gobeithion â fi, ro'n i'n gwybod mai fi oedd yn mynd i gael y swydd – ro'n i'n fodlon gwneud unrhyw beth i wneud yn hollol siŵr mai fi fydde'n cael fy nghyflogi ar ddiwedd yr wythnos.

Y diwrnod cynta, fe weithiodd pawb yn dda, ond erbyn yr ail ddiwrnod, roedd y gwaith wedi profi'n ormod i un neu ddau, a ddaethon nhw ddim 'nôl. Ond nid fi. Pan holodd Marco, 'How serious are you about this job?' doedd dim ond un ateb: 'I'll work the whole week, and I'll show you what I can do.' A dyna be wnes i. Ac ie, fi gafodd y swydd yn y Criterion.

CYRSIAU CYNTAF

MADARCH A GARLLEG GWYLLT

DIGON I 4

400g madarch gwyllt cymysg

50g menyn

1 sialotsyn wedi'i dorri'n fân

50ml gwin gwyn

10 deilen garlleg gwyllt wedi'u
    torri'n fân

200ml hufen dwbl

2 felynwy

halen môr

pupur

Toddwch y menyn mewn padell ffrio drom. Ffriwch y madarch yn ofalus nes iddyn nhw ddechrau meddalu. Ychwanegwch halen a phupur at eich dant.

Pan fydd yr hylif i gyd wedi anweddu, ychwanegwch y sialotsyn at y badell a'i goginio am funud neu ddwy nes ei fod yn meddalu.

Ychwanegwch y gwin a'i leihau o hanner, yna ychwanegu'r garlleg gwyllt a hanner yr hufen dwbl. Dewch â'r hylif i'r berw ac yna ei dynnu oddi ar y gwres.

Rhowch y melynwyau mewn powlen efo gweddill yr hufen dwbl a'u chwisgio'n dda.

Pan fydd cymysgedd y madarch wedi oeri, arllwyswch i mewn i bowlen weini a throi'r hufen a'r wyau drwyddi. Rhowch o dan gril poeth am 1–2 funud nes bod y cyfan wedi brownio.

CAWS POB

200g caws Hafod (neu gaws
  caled arall tebyg i Cheddar)
50ml cwrw
1 llwy fwrdd saws Caerwrangon
  (*Worcestershire sauce* –
  peidiwch â chynnwys hwn
  os ydych chi'n coginio i
  lysieuwyr, gan nad yw'n
  addas ar eu cyfer)
pinsiad o bowdr mwstard
  Seisnig
1 melynwy
4 sleisen bara surdoes da

Rhowch y caws, y cwrw, y saws Caerwrangon a'r powdr mwstard mewn powlen, a rhoi'r bowlen dros sosbennaid o ddŵr sy'n mudferwi, gan wneud yn siŵr nad yw'r bowlen yn cyffwrdd â'r dŵr.

Defnyddiwch chwisg i gyfuno'r cynhwysion. Pan fydd yn barod, bydd y gymysgedd yn gadael ochr y bowlen.

Tynnwch y bowlen oddi ar y gwres a gadael i'r gymysgedd oeri am rai munudau, yna chwisgiwch y melynwy i mewn a'i rhoi yn yr oergell i'w gwneud yn haws ei thrin.

Tostiwch y bara ar y ddwy ochr, gwasgaru'r gymysgedd gaws dros y sleisiau a'u rhoi o dan y gril nes bod swigod yn ffurfio a'r lliw yn troi'n euraid.

WYSTRYS, LEIM A SINSIR

DIGON I 4

12 wystrysen

sudd 1 leim

3 llwy de saws soi

10g sinsir ffres wedi'i gratio

2 lwy fwrdd olew sesame

1 llwy de siwgr

1 sialotsyn wedi'i sleisio'n
 denau iawn

1 sbrigyn coriander

Rhowch yr holl gynhwysion heblaw'r wystrys, y sialotsyn a'r coriander mewn powlen a'u chwisgio'n dda. Gadewch yn yr oergell am awr.

Dewiswch wystrys byw a'u cregyn wedi eu cau'n dynn.

Fesul un, rhowch yr wystrys ar liain llaith â'r ochr grom ar i lawr. Plygwch y lliain dros yr wystrysen i'w dal yn sownd ac i amddiffyn eich llaw rhag y gragen. Rhowch flaen cyllell wystrys yn uniad y ddwy gragen ar ben cul yr wystrysen, rhoi ychydig o bwysau ar y gyllell a throi'r blaen yn ofalus nes bod y ddwy gragen yn gwahanu.

Tynnwch y clawr oddi ar yr wystrysen yn ofalus a defnyddio blaen y gyllell i wahanu'r wystrysen oddi wrth y gewyn sy'n ei chysylltu â'r gragen. Pan fydd ar agor, rhowch y clawr i'r naill ochr, a gosod yr wystrysen yn ei chragen ar ben bocs wyau gwag i'w chadw'n wastad ac arbed i'r sudd ollwng.

Gosodwch yr wystrys agored ar wely o halen neu wymon.

Trowch y dresin yn dda a'i arllwys dros yr wystrys. Rhowch sleisiau sialót a deilen coriander ar ben pob wystrysen.

Gweinwch efo sleisiau leim ychwanegol.

WYAU SELSIG PWDIN GWAED

DIGON I 4

YR WYAU SELSIG
8 wy buarth bach wedi eu
   berwi am 6 munud a'u rhoi
   mewn dŵr rhew
450g pwdin gwaed meddal

I ORCHUDDIO
3 wy wedi'u curo
200g blawd gwyn plaen
   (a halen a phupur wedi eu troi
   i mewn iddo)
300g briwsion bara

HUFEN SALAD CARTREF
3 melynwy
2 lwy fwrdd mwstard Seisnig
2 lwy de siwgr caster
2 lwy fwrdd finegr brag
200ml hufen dwbl
pinsiad o halen môr

Pliciwch y plisgyn oddi ar yr wyau a'u rhoi i'r naill ochr.

Rhannwch y pwdin gwaed yn wyth.

Rhowch ddarn o *clingfilm* ar arwyneb gwaith a darn o'r pwdin gwaed ar ei ben. Rhowch haen arall o *clingfilm* drosto a'i rolio'n fflat i wneud haen wastad.

Tynnwch yr haen uchaf o *clingfilm*, rhoi wy ar ben y pwdin gwaed, ei godi a'i lapio am yr wy. Pan fydd wedi ei orchuddio, tynnwch weddill y *clingfilm*, ac efo dwylo llaith, gwnewch y belen yn esmwyth.

Gwnewch yr un fath gyda'r saith wy arall a'u rhoi yn yr oergell am awr i galedu.

Pan fyddan nhw'n barod, gorchuddiwch nhw yn y blawd, wedyn yr wyau wedi'u curo, yna'r briwsion bara. I'w gwneud yn fwy crimp, pasiwch nhw drwy'r wyau a'r briwsion bara unwaith eto. Gadewch nhw yn yr oergell am awr arall cyn eu coginio.

Mewn ffrïwr saim dwfn, cynheswch olew i 160°C. Rhowch bedwar wy ar y tro i mewn a'u coginio am 3–4 munud nes eu bod wedi coginio, yn euraid ac yn grimp. Tynnwch nhw allan a'u draenio ar bapur cegin. Sgeintiwch halen môr drostyn nhw.

Dwi'n hoffi gweini'r rhain efo sleisiau afal a hufen salad cartref.

HUFEN SALAD CARTREF
Rhowch y melynwyau, y mwstard, y siwgr a'r finegr mewn powlen a'u chwisgio am 30 eiliad.

Ychwanegwch yr hufen fesul tipyn i ddechrau ac yna mewn llif cyson nes bod y cyfan yn dod at ei gilydd. Gorffennwch â'r halen.

Cadwch yn yr oergell nes bod ei angen.

SALAD CNAU CYLL A CHAWS GLAS

DIGON I 4

40 cneuen collen (*cob-nut*)
  heb eu plisgyn
4 endif melyn wedi eu golchi
  a'u sychu
60g caws glas
50ml dresin Odette's
pinsiad o halen mor

DRESIN ODETTE'S

I wneud 1200ml
1 litr olew llysiau
20g halen
1 llwy fwrdd puprennau gwyn
  wedi eu cracio'n ysgafn
1 sialotsyn wedi'i blicio a'i
  dorri'n fân
200ml finegr gwin gwyn
50g mwstard Dijon
50g mwstard Seisnig

Rhowch y cnau ar hambwrdd pobi, cymysgwch nhw â'r olew rêp a'r halen, yna eu rhoi o dan gril cymedrol nes eu bod wedi tostio'n ysgafn.

Trowch y dail endif yn y dresin, briwsioni'r caws glas drostyn nhw a gwasgaru'r cnau dros y cyfan.

DRESIN ODETTE'S
Cymysgwch y cynhwysion i gyd efo'i gilydd a'u rhoi yn yr oergell. Gadewch am 24 awr.

Defnyddiwch hylifydd llaw mawr i wneud y gymysgedd yn llyfn, ac yna ei phasio drwy ridyll mân.

Bydd y dresin yn cadw'n iawn yn yr oergell am hyd at fis mewn cynhwysydd wedi ei selio.

ASBARAGWS A DRESIN WY HWYADEN

DIGON I 4

20 coesyn asbaragws wedi eu
plicio a'r bonion caled wedi
eu torri

3 wy hwyaden wedi eu
coginio am 4 munud mewn
dŵr berwedig

100ml dresin Odette's
(gweler tudalen 30)

halen a phupur

2 lwy fwrdd persli wedi'i
dorri'n fân

Coginiwch yr asbaragws mewn dŵr berwedig hallt am 3–4 munud nes ei fod yn feddal. Tynnwch o'r dŵr, ei ddraenio ar bapur cegin a'i gadw'n gynnes.

Pliciwch yr wyau tra eu bod yn dal yn gynnes a'u torri'n fras, gan wneud yn siŵr eich bod yn cadw'r melynwy i gyd.

Ychwanegwch yr wyau at y dresin, troi popeth at ei gilydd ac ychwanegu halen a phupur i flasu. Yn olaf, trowch y persli i mewn.

Rhannwch yr asbaragws rhwng pedwar plât, arllwyswch y dresin drosto a'i weini'n syth tra bo popeth yn dal yn gynnes.

Y CRITERION

Coginio oedd pob dim – dyma oedd holl ffocws fy nyddiau i – ac roedd cael troed yn nrws y Criterion yn agor pob math o bosibiliadau. Pan gyrhaeddais i adre ar ôl cael y swydd, roedd Mam a Dad yn falch iawn, wrth gwrs, ond pan holodd Dad lle ro'n i'n mynd i fyw yn Llundain, doedd gen i ddim syniad – doedd y peth ddim hyd yn oed wedi croesi fy meddwl i. Ond gyda chyngor fy ewythr John, oedd wedi byw yn y ddinas, mi ges i *bedsit* yn Shepherd's Bush. Falle 'mod i'n mynd i goginio i bobl oedd yn medru fforddio talu'n ddrud am bryd o fwyd, ond fydde'r cyflog ro'n i'n ei ennill ddim yn mynd yn bell iawn. Ro'n i'n talu £90 yr wythnos am un stafell fach oedd yn llai na fy stafell wely i adre. Roedd gen i sinc, ond ro'n i'n gorfod rhannu tŷ bach a chawod efo pedwar arall. I fi, yn ugain oed ac yn llawn cyffro am y swydd ro'n i ar fin ei dechrau, roedd y lle'n edrych yn iawn. Doedd Mam a Dad – Mam yn enwedig – ddim mor siŵr. Aethon nhw â fi i siopa, a phrynu *microwave* a llond troli o fwyd i fi cyn cychwyn yn ôl am ogledd Cymru. Dim ond llawer iawn yn ddiweddarach y dywedodd Dad wrtha i fod Mam wedi crio'r holl ffordd 'nôl i Ddinbych.

Roedd rhaid i fi ddod i arfer â ffordd gwbl newydd o fyw, a hynny'n gyflym iawn. Wrth edrych yn ôl, go brin y byswn i wedi gallu teithio'n bellach o'r hyn oedd yn gyfarwydd i fi. Falle mai dim ond 250 o filltiroedd oedd rhwng Dinbych a Llundain, ond roedd y bywyd a'r bobl yn hollol wahanol. Wrth dyfu i fyny, do'n i ddim yn ymwybodol o hyfrydwch cefn gwlad Dyffryn Clwyd – dyna oedd fy nghartref – ond roedd strydoedd llwyd Llundain, yn llawn miliynau o bobl o bedwar ban byd, yn teimlo'n wahanol ym mhob ffordd i brydferthwch bryniau Clwyd. Ro'n i wrth fy modd efo cyffro'r prysurdeb ac yn awchu i gymryd fy lle yng nghanol berw'r ddinas.

Ro'n i wedi arfer â gweithio mewn awyrgylch proffesiynol a safonol yn y Café Niçoise, ond roedd symud i sefydliad hanesyddol fel y Criterion yn agoriad llygad. Cafodd y bwyty ei adeiladu a'i agor yn 1873 reit yng nghanol Llundain, ger Piccadilly Circus, ac mae ymhlith y deg tŷ bwyta hynaf a mwyaf hanesyddol yn y byd. Mae sôn amdano yn llyfrau Sherlock Holmes; dyma lle'r oedd y *suffragettes* yn cyfarfod i drefnu eu hymgyrchoedd, a gwnaeth Winston Churchill araith bwysig yma yn 1919. Yn fwy diweddar, mae i'w weld mewn ffilmiau di-ri, yn symbol o gyfoeth a bywyd bras. Dros y tair blynedd y bues i yno, fe welais i rai o bobl enwoca'r byd yn dod i gael eu gweld ac i fwynhau'r bwyd. Ond, wrth gwrs, ro'n i ymhell o'r *glamour* a'r cyfoeth i lawr yng nghrombil y gegin, yn dod i'r gwaith ar doriad dydd ac yn gweithio tan i'r lle gau gyda'r nos.

Doedd y gwaith caled a'r oriau hir yn poeni dim arna i. Dyna sut ro'n i wedi byw ers blynyddoedd, ond roedd gwneud i fy arian bara tan ddiwedd y mis yn fwy anodd. Ro'n i'n teithio i'r gwaith ar y tiwb. Ymhen ychydig, roedd gen i system; ro'n i'n prynu *travel card* am dair wythnos gynta'r mis, ond am yr wythnos ola, roedd gen i – a llawer o hogiau ifanc tebyg i fi – nifer o driciau. Bryd hynny, cyn i bawb fod ofn terfysgaeth a chyn y mesurau llym yn dilyn ymosodiadau 9/11, roedd hi'n bosib 'jympio' y tiwb. Gan 'mod i'n mynd i'r gwaith peth cynta'n y bore, roedd gatie'r steshon fel arfer yn agored wrth i mi gyrraedd am saith. Y cyfan oedd isio oedd dipyn bach o hyder, a cherdded drwodd heb dynnu sylw ataf fy hun – a'r un peth yn y nos wrth ddod adre. Y broblem oedd dod i ffwrdd yn Piccadilly am chwarter i wyth. Erbyn hynny roedd y trên yn llawn a'r steshon yn brysur. Felly ro'n i'n cerdded yn agos iawn at rywun ac yn closio'n dynn at eu cefn er mwyn pasio drwy'r *barrier*, neu'n jympio dros y ffens. Doedd dim *guards* yna fel arfer, ac ro'n i'n ifanc ac yn ffit, ac yn gallu rhedeg yn gyflym. Wedyn gyda'r nos, roedd hi'n brysur eto, felly byswn i'n mynd am beint am ryw awr ar ôl gwaith yn reit aml i aros i'r lle dawelu. Erbyn hynny, os o'n i'n lwcus, roedd y gatiau'n agored, neu byswn i'n neidio unwaith eto i gyrraedd y trên.

Efo'r pres ro'n i'n ei safio ar deithio, ro'n i'n mynd allan i fwyta mewn llefydd fel Le Gavroche. Roedd yn anhygoel o bwysig i fi, wrth ddysgu fy nghrefft, 'mod i'n cael bwyta yn y math o lefydd ro'n i isio gweithio ynddyn nhw. Roedd yn gyfle i weld tŷ bwyta o bersbectif gwahanol. Fel cogydd, ro'n i yng nghanol y tân a'r prysurdeb drwy'r dydd bob dydd, a weithiau, roedd cael edrych o bell yn dysgu rhywbeth gwahanol i fi, neu, yr un mor bwysig, roedd yn dangos beth i beidio gwneud. Mae hyn yn rhywbeth dwi'n dal i'w wneud heddiw, a dwi wastad yn annog yr hogiau ifanc sy'n gweithio i fi i'w wneud o hefyd. Nid bwyd yn unig ydi tŷ bwyta. Mae dwy ochr i'r busnes, ac mae'n ofnadwy o bwysig eich bod chi'n cael profiad cwsmer yn ogystal â gwybod be 'dach chi'n 'i neud yn y gegin. Dwi'n gwbl sicr fod hyn wedi fy helpu i wrth sefydlu Odette's. Yn ddiweddar, ro'n i'n eistedd wrth un o'r byrddau yn sgwrsio, a sylweddolais i fod bylb un o'r goleuadau ar y wal gyferbyn yn disgleirio'n syth i mewn i fy llygaid i, oedd yn anghyffforddus ac yn niwsans. Dwy funud gymerodd hi i symud y golau, ond taswn i ddim wedi bod yn rhannu profiad y cwsmer ac yn eistedd wrth y bwrdd, fyswn i ddim yn gwybod dim am y peth. Mae'n rhaid i ymweliad y cwsmer â'r tŷ bwyta fod yn un cyflawn, ac mae pethau bach fel yna'n cael mwy o effaith na fyse rhywun yn ei feddwl.

Yn y Criterion efo Marco, doedd y cyflog ddim yn dda, ond doedd dim rhaid iddo fod – roedd yr anrhydedd o weithio i unigolyn mor ddisglair yn golygu bod 'na lu o bobl fydde wedi neidio i fy lle i tasen nhw'n cael hanner cyfle. Felly pen i lawr a mynd amdani oedd yr unig ddewis.

Roedd y dyddiau'n hir a'r gwaith yn anodd yn gorfforol. Roedd y *bedsit* ryw chwarter awr o gerdded o'r tiwb. Ambell waith, ro'n i mor flinedig yn mynd adre nes o'n i'n rhedeg o'r steshon er mwyn cyrraedd fy ngwely'n gynt a chael tipyn bach mwy o gwsg.

Ar ôl tri mis, ges i gyfle i fynd adre am bythefnos – y tro cynta i fi weld y teulu ers symud i lawr. Mi gafodd Mam fraw i 'ngweld i'n edrych mor welw a blinedig, ac roedd hi'n methu credu mor denau ro'n i wedi mynd. Roedd y gwaith yn gadael ei ôl arna i. Es i allan efo rhai o'r hogiau am ddiod ac mae'n debyg bod 'na dipyn o siarad yn eu plith nhw – oeddwn i ar gyffuriau? Oeddwn i'n wirioneddol sâl, a neb yn gwybod? O edrych yn ôl heddiw, fedra i ddallt pam doedd Mam ddim yn hapus iawn i 'ngweld i'n mynd yn ôl i lawr i Lundain; does bosib fod unrhyw job yn werth colli dy iechyd drosto? Do'n i ddim wedi sylwi ar y peth pan o'n i wrthi yn Llundain, ond ar ôl cael ychydig o ddyddiau gartre, efo rhywun yn gwneud bwyd i fi, a chael ymlacio go iawn am y tro cynta ers misoedd, roedd y syniad o fynd yn ôl yn dechrau pwyso arna i hefyd. Mi ddechreuais i gwestiynu fy mhenderfyniadau sylfaenol. Un noson, roedd 'na ffeit ar y teledu – Joe Calzaghe yn erbyn Chris Eubank. Calzaghe oedd yr *underdog*, a dyma fi'n gwneud bargen efo fy hun. Pe bai Calzaghe'n ennill, byswn i'n mynd yn ôl. Pe bai o'n colli, wel, byswn i'n meddwl o ddifri am y dyfodol. Mi baffiodd Calzaghe'n wych, a dod drwyddi'n fuddugol, a gwneud y penderfyniad ar fy rhan i.

Yng nghegin Marco yn 1996 roedd yna un boi'n coginio llysiau, a dau *commis* yn gweithio iddo fo. Dyna lle ddechreuais i, ond ymhen wythnos, mi adawodd y dyn llysiau, ac mi ges i gyfle i gymryd ei le ar unwaith. Felly es i o wneud y pethau cyffredin – paratoi'r tatws ac ati – yn syth i ferw'r coginio. *Lucky break* go iawn – ond dwi'n credu'n gryf eich bod chi'n gwneud eich lwc eich hun. Os 'dach chi'n rhoi eich hun yn y lle iawn a gweithio'n galed, bydd pethau da yn digwydd. Roedd hwn yn gyfle i ddangos ac i brofi i Marco ac i fi fy hun 'mod i'n gallu 'i neud o, ac roedd hynna mor bwysig â dim byd arall. Dwi'n un sy'n licio cael targed i weithio tuag ato fo, a dwi'n galed iawn arnaf i fy hun. Os dwi'n gweld rhywbeth dwi isio'i gyflawni, mi wna i bopeth o fewn fy ngallu i gyrraedd y nod yna. Dywedodd Richard Branson unwaith, os ydi dy freuddwyd di'n hawdd ei chyflawni, dwyt ti ddim yn breuddwydio'n ddigon uchelgeisiol. Mae hynna'n hollol wir.

Erbyn hyn, roedden ni yng nghanol bri'r *celebrity chefs*, ac roedd pwysau mawr ar staff y gegin. Doedd o ddim yn lle i bobl sensitif. Roedd y safonau'n uchel ac roedd rhaid cadw atyn nhw drwy'r dydd bob dydd. Does dim amheuaeth fod 'na regi a hyd yn oed rywfaint o greulondeb, ond os oedd *Chef* yn gweiddi arnat ti, roedd 'na reswm am hynna bob tro. Mewn ffordd roedd o dipyn bach fel bod yn y fyddin. Os oeddet ti'n gwneud rhywbeth o'i le, roedd o'n effeithio ar waith pawb arall, gan fod pawb yn dibynnu ar ei gilydd yn llwyr i gyflawni'r nod. Wrth gwrs, doedd ein bywydau ni ddim yn dibynnu ar y gwaith, ond pan wyt ti yng nghanol y frwydr, neu'r gegin, mae'r teimlad o gyd-dynnu a darllen meddyliau dy gyd-weithwyr yn un cryf iawn. Efo dim ond rhyw ugain ohonon ni'n gwneud bwyd i hyd at dri chant o bobl mewn diwrnod, roedd rhaid i bopeth redeg fel watsh.

Mae'r gyd-ddibyniaeth yma'n un o'r pethau dwi'n licio fwyaf am weithio mewn cegin. Byth ers o'n i'n hogyn bach, dwi wedi licio gweithio mewn tîm. 'Nôl ar y fferm efo Yncl Arwyn a Dad, ro'n i bob amser yn gweithio'n well am fy mod i'n gwybod bod y lleill yno ochr yn ochr â fi. Wedyn yn y becws, er bod tri safle o fewn y busnes yn gweithio ar wahân, roedd gwybod bod pawb yn anelu at yr un nod ac yn ceisio cyflawni'r un peth yn sbardun i mi weithio'n galetach. Mewn cegin o safon y Criterion, mae pob eiliad yn cyfri. Os ydi'r person sy'n gyfrifol am y llysiau'n dweud y bydd y moron yn barod mewn tair munud, mae'n rhaid iddyn nhw fod yn barod mewn tair munud. Os eith hi'n bedair munud, bydd hi'n rhy hwyr, achos mae pawb arall hefyd yn gweithio at yr un amseriad. Fedri di ddim gadael platiad o fwyd yn aros ar y cownter am funud tra bo'r moron yn gorffen coginio. Disgyblaeth ydi un o'r pethau pwysicaf. Rhaid i bawb wybod be maen nhw'n wneud, a chanolbwyntio ar y peth yna, ac fel darnau jig-so, mae'r cyfan yn dod at ei gilydd. Dyna pam mae *chef* weithiau'n gallu mynd yn flin neu golli ei dymer efo rhywun. Os 'di'r person sydd i fod i lanhau'r llysiau heb wneud ei waith yn iawn, dydi'r pryd cyfan ddim yn cyrraedd y safon. Rhaid i bawb roi popeth sydd gynno fo i mewn i'r gwaith.

Mae gwaith tîm yn creu cysylltiadau agos a chryf iawn rhwng pobl, ac i mi, dyma'r unig ffordd o weithio. Mae'r un peth yn wir efo'r gwaith teledu dwi'n ei wneud. Un o'r rhesymau dwi bob amser wrth fy modd yn cael fy ngwahodd i fod ar *Saturday Kitchen Live* ydi oherwydd bod y rhaglen yn cael ei darlledu'n fyw. Mae'r tîm cynhyrchu'n gwybod hynny'n iawn – mae'n gyffrous bod yn y fan a'r lle efo gweddill y criw. Dwi'n mwynhau'r adrenalin sy'n llifo pan fydd y camera'n troi – 'sgen ti ddim lle yn y byd i guddio, a dim ond un cyfle sy gen ti. Tase gen i fwy o amser, byswn i'n mynd ati i wneud *extreme sports*: dwi'n hoff iawn o'r wefr sy'n dod pan fydd 'na ychydig bach o beryg. Teimlo'n fyw, a'r synhwyrau i gyd yn gwbl effro.

Ro'n i'n benderfynol o wneud yn dda, ac yn gymharol brofiadol cyn dechrau, ond mi ges inne fy siâr o weiddi a dwrdio. Wnes i erioed ddigalonni, er 'mod i'n mynd yn ypset iawn os oeddwn i'n teimlo mod i'n gadael y tîm i lawr, yn amlwg. Os o'n i'n cael diwrnod gwael, roedd jest rhaid rhoi'r peth o'r neilltu, mynd yn ôl i'r gegin y bore wedyn a dechrau eto. Unwaith eto, mae hwnna'n rhywbeth sydd wedi fy helpu ar hyd y daith – ddoe ydi ddoe, a heddiw ydi heddiw. Y peth pwysig ydi cyfadde dy fai. Os wyt ti'n gwneud hynna, mae'n bosib rhoi llinell dan y peth a chario mlaen. Dyna sut dwi'n rhedeg fy nghegin. Yn amlwg, mae pawb yn gwneud camgymeriadau o dro i dro. Os bydd un o fy nghogyddion yn gwneud llanast o bethau, ond iddo gyfadde hynny, mi fedrwn ni anghofio amdano – y peth gwaetha gen i ydi rhywun yn dweud clwyddau ac yn trio gwadu. Mae cyfadde a derbyn bai yn dangos aeddfedrwydd.

Mi arhosais i efo Marco yn y Criterion am dair blynedd, yn gwneud popeth yn ei dro. Ar ôl dechrau ar y llysiau, symudais i wedyn at y pysgod, y cig, *hot starters, cold starters* a'r holl ffordd drwodd i'r pwdinau. Mi ddysgais i gymaint am bob math o agweddau ar fwyd a choginio – roedd Marco'n dal i weithio yn y gegin yn y cyfnod hwn, ac roedd yn fraint cael dysgu wrth draed y meistr. Ond doedd o ddim yn ddyn hawdd gweithio iddo fo. Roedd fel petai'r gegin i gyd yn gwybod bod Marco yn yr adeilad cyn gynted ag y bydde fo'n agor y drws, a'r lefelau tensiwn yn codi'n syth. Am ychydig o funudau cyn iddo fo ddod i mewn i'r gegin, roedd awyrgylch y lle'n newid. Os o'n i'n gweld rhywun yn rhedeg, ro'n i'n gwybod naill ai fod 'na dân yn yr adeilad, neu fod Marco ar fin dod i mewn. Roedd y gegin fel rhywbeth organig – pawb yn cyfrannu ac yn symud efo'i gilydd.

Er i mi ddysgu lot ganddo, doedd Marco ddim yn mynd allan o'i ffordd i hyfforddi neb – doedd dim amser ganddo fo. Y peth pwysig iddo fo wrth gyflogi rhywun oedd sbarc, a bod yna rywbeth y tu ôl i'r llygaid. Roedd rhaid i bob cogydd oedd yn dod i mewn i'r gegin fod ag anian arbennig, a thalent naturiol at goginio. Heb hynna, doedd dim gobaith i neb, ond os oeddet ti'n dangos i Marco dy fod yn gyflym, isio gwneud y gwaith ac yn barod i ddatblygu, byse fo'n mynd â ti i lefel arall. Dim ond y gorau oedd yn ddigon da iddo fo.

Ar ôl tair blynedd, ro'n i wedi gweithio ym mhob rhan o'r gegin, a dysgu am bob agwedd o'r gwaith. Ro'n i'n mwynhau Llundain, yn mwynhau'r gwaith a'r *buzz* ac yn teimlo 'mod i'n rhan o fyd cyffrous, llawn pobl ddiddorol a phosibiliadau at y dyfodol. Wedi dweud hynny, doedd gen i ddim cynllun pendant yn fy meddwl ynglŷn â beth o'n i am ei wneud – a dweud y gwir, doedd gen i ddim amser i feddwl am ddim byd mwy na gwaith, a gofalu bod y bwyd yn cyrraedd safonau uchel Marco.

Ond un diwrnod, ro'n i'n sgwrsio efo'r prif gogydd *pastry*, Roger Pizey, oedd yn dipyn mwy profiadol na fi. Mi ofynnodd o i fi yn lle arall ro'n i wedi gweithio, a beth o'n i isio'i wneud yn y dyfodol. Esboniais i mai'r unig le arall ro'n i wedi trio mynd iddo fo oedd Le Gavroche dair blynedd yn gynt, ond 'mod i'n rhy ifanc. Ar unwaith, mi ofynnodd o'n i'n dal yn awyddus i weithio yna. Er nad oedd gadael y Criterion wedi croesi fy meddwl i cyn hyn, roedd y syniad yn apelio'n fawr, ac o fewn wythnos, mi oedd Roger wedi trefnu cyfweliad i mi efo'r brodyr Roux. Roedd rhestr aros o chwe mis i weithio efo nhw, ond gan fod gen i dair blynedd o brofiad efo Marco ac yn gallu gweithio ym mhob adran o'r gegin, mi ges i neidio'r ciw a chael cynnig swydd ar unwaith.

O fewn mis, ro'n i'n gadael y Criterion ar nos Wener, ac yn dechrau yn Le Gavroche y bore Llun canlynol. Falle na fydde llawer o bobl yn fodlon gadael swydd a symud i un arall am lai o gyflog, a gorfod mynd yn ôl i ddechrau o'r dechrau unwaith eto, ond i fi, dyma oedd y peth gorau allai fod wedi digwydd – mynd i weithio yn y gegin bwysicaf ym Mhrydain. Dyma lle'r oedd gwreiddiau popeth ro'n i eisoes wedi'i ddysgu; dyma lle'r oedd Marco wedi dysgu ei grefft a dyma'r lle'r oedd gan bob un *chef* da ym Mhrydain ar y pryd ddyled iddo.

LE GAVROCHE

Ar ôl tair blynedd efo Marco, roedd dysgu arferion cegin newydd yn her. Roedd awyrgylch Le Gavroche yn gwbl wahanol i beth o'n i wedi arfer ag o. Dim ond yn 1967 y cafodd ei sefydlu, felly doedd ganddo ddim o'r un hanes a statws â'r Criterion, ond o'r dechrau, fe wnaeth enw iddo'i hun. Roedd Charlie Chaplin ac Ava Gardner yn westeion yn yr agoriad swyddogol, a chyn hir, roedd pobl yn tyrru yno i fwynhau'r gorau oedd gan *cuisine* Ffrainc i'w gynnig, gan osod y safon ar gyfer pob tŷ bwyta arall yn Llundain a thrwy Brydain. Yn y nawdegau, cyrhaeddodd y *Guinness Book of Records* am weini'r pryd drutaf erioed, ar gost o bron i ugain mil o bunnoedd i dri pherson. Busnes teuluol ydi o, ond er bod y lle'n fwy cartrefol na'r Criterion, a bod teimlad fod pawb sy'n gweithio yno'n cael eu croesawu i'r teulu, roedd o hefyd yn fwy ffurfiol, rywsut, ac roedd mwy o reolau yn y gegin. Yn un peth, doedd gan neb hawl i newid dim byd – taset ti hyd yn oed yn symud pot o halen o'i safle arferol, byddet ti'n cael row, achos roedd y pot halen yna wedi bod yn ei le ers deng mlynedd ar hugain, a pha hawl oedd gen ti i feddwl ei fod yn well yn rhywle arall? Os oedd Marco'n llawn cyffro a *flair*, yma roedd y pwyslais ar y broses o goginio – y grefft – a dysgu sut i wneud pethau'n berffaith. Roedd y disgwyliadau'n uchel iawn – doedd neb yn cael swydd yn Le Gavroche oni bai eu bod nhw'n barod i roi pob dim oedd ganddyn nhw i'r gwaith.

Yn y Criterion, er falle nad oedd Marco yn y gegin bob awr o'r dydd, roedd o'n gwybod pob peth oedd yn mynd ymlaen, ac yn pigo ar bob manylyn yn y gwaith. Roedd ei natur yn danllyd – roedd o'n gweiddi ar rywun drwy'r amser, ac o fewn ychydig fisoedd ro'n i wedi colli cownt o sawl ffrae ro'n i wedi'i gael ganddo. Yn ystod tair blynedd o weithio yn Le Gavroche, dim ond tair gwaith ges i ffrae gan *Chef* Michel, a dwi'n cofio pob un ohonyn nhw hyd heddiw. Felly, er bod y gegin yn dawelach ac yn ymddangos yn fwy hamddenol, roedd yr ymroddiad yn gorfod bod yr un mor gryf, os nad yn gryfach.

Yn un peth, roedd yr oriau hyd yn oed yn hirach. Ar ôl tair blynedd o weithio o wyth y bore tan hanner nos neu'n hwyrach, ro'n i wedi adeiladu stamina reit dda, ond yn Le Gavroche, roedd disgwyl i ni fod i mewn erbyn chwech. Ambell waith, ro'n i'n teimlo mai'r unig beth doedden nhw ddim yn gofyn gan y staff oedd eu gwaed.

Felly 'nôl â fi i waelod y domen o ran statws a phres, ond faswn i ddim wedi gallu bod yn hapusach. O fewn chwe mis, ro'n i wedi dechrau gwneud fy marc, a chael mwy o gyfrifoldeb a statws, ac o fewn blwyddyn a hanner ro'n i'n *sous chef*. Dyma pryd wnaeth y darnau ddechrau disgyn i'w lle i mi. Fedra i ddim esbonio be ddigwyddodd, ond roedd yr holl hyfforddiant, yr oriau maith, y diffyg cwsg a cholli allan ar fywyd cymdeithasol yn talu ffordd o'r diwedd. Wnes i ddechrau dallt pam ro'n i'n gwneud pob peth ro'n i'n ei wneud. Wn i ddim beth yn union ro'n i wedi'i ddallt, ond dyma sylweddoli bod rhywbeth wedi clicio. Ro'n i wedi amsugno'r holl wybodaeth, ac erbyn hyn roedd yn rhan o fy natur i, a doedd dim rhaid i bobl ddweud wrtha i beth i'w wneud. Mae'n bosib mai dyma pryd wnes i ddechrau troi'n *chef*.

Os 'dach chi'n rhoi eich egni i gyd i mewn i rywbeth, mi gewch chi rywbeth yn ôl. Mewn awyrgylch mor ddisgybledig â chegin Le Gavroche, gallai pobl feddwl nad oes dim lle i chi ddatblygu eich personoliaeth a'ch syniadau eich hun fel cogydd, ond erbyn cyrraedd statws sous *chef*, roedd y cyfle yna ar gael, a hynny drwy'r *management meal*. Roedd y staff yn cael pryd o fwyd gyda'i gilydd yn rheolaidd, ac un o'r cogyddion yn gwneud bwyd i'r bobl ar y top. Ro'n i'n gweld hwn fel cyfle i ddangos i'r bobl bwysig yn y busnes beth o'n i'n gallu ei wneud, ac yn mynd *all out* i wneud argraff dda. Roedd rhaid i ti fod yn ddyfeisgar, achos dim ond y bwyd oedd dros ben yn y tŷ bwyta oedd ar gael i ti ei goginio, a doedd dim arian i'w wario ar ddim byd arall – roedd rhaid defnyddio'r dychymyg i greu campweithiau. O'r diwedd, dyma gyfle i dynnu ar bopeth ro'n i wedi'i ddysgu a defnyddio'r pryd fel platfform i ddangos unrhyw dalent oedd gen i.

Ar ôl tair blynedd yn Le Gavroche, ro'n i wedi cyrraedd yn bell iawn ac yn gallu dal fy nhir gyda'r gorau. Ond ar ôl chwe blynedd yn Llundain, yn gweithio 16–17 awr y dydd am bum neu chwe diwrnod yr wythnos, ro'n i wedi blino. Er 'mod i wedi datblygu'n eitha medrus, doedd y gwaith ddim yn dod yn ddim haws, ac roedd yr oriau maith yn dechrau dweud arna i. Mi es i i deimlo nad oedd gen i ddim byd ar ôl i'w gynnig – ro'n i wedi llosgi allan yn feddyliol.

Ar ôl gweithio dan ddaear mewn stafell heb ffenestri gyhyd, ro'n i'n dyheu am fod allan yn yr awyr agored. Penderfynais i fod angen *break* arna i – dianc o wres y gegin i wneud rhywbeth cwbl wahanol. Dyma'r unig dro i mi ystyried o ddifri newid cyfeiriad fy mywyd – gadael y *restaurants* a'u cwsmeriaid cyfoethog a mynd yn ôl i wneud rhywbeth yn agosach at y tir. Yn ystod fy arddegau, ro'n i wedi bod ar gwrs i fod yn swog yng ngwersyll yr Urdd yng Nghlan-llyn, ac wedi helpu i ofalu am y plant ar eu gwyliau ac ar gyrsiau. Roedd cyfle yno i nofio bob dydd, ac ro'n i wedi pasio'n *lifesaver*. Wrth fynd yn ôl a 'mlaen i Le Gavroche ar hyd strydoedd Llundain yn y bore bach neu'n hwyr y nos, tyfodd yr awydd i dreulio amser yng nghanol mynyddoedd Gwynedd – yn ôl ym mharadwys.

Sylweddolais i hefyd nad o'n i'n nabod fy ngwlad fy hun bron o gwbl. Do'n i ddim erioed wedi bod i ben yr Wyddfa – a dwi'n dal heb fod hyd heddiw – o'n i dim ond wedi bod ar ambell ymweliad brysiog iawn â Sir Fôn, ac am dde Cymru, wel roedd y rhan honno o'r wlad yn gwbl ddiarth i mi. Dyma roi fy mryd ar brynu neu logi *camper van* a theithio o gwmpas Cymru, a dod i nabod y gwahanol ardaloedd i gyd. Ro'n i'n 26 oed, yn gweithio tua 80 awr yr wythnos. Roedd hi'n bryd meddwl amdanaf i fy hun a dilyn fy ffansi, am unwaith.

Tybed lle fyswn i rŵan taswn i wedi gwrando ar yr ysfa honno a rhoi'r gorau i bob dim bryd hynny? Mae'n bosib y bydde gwersyllwyr Glan-llyn yn cael bwyd ychydig yn wahanol i'r hyn sy'n cael ei gynnig iddyn nhw rŵan, ond yn y pen draw, digwyddodd dau beth i newid fy meddwl, a cheisiais i ddim am swydd yng Nglan-llyn nac yn unman arall.

Y peth cynta oedd sgwrs ges i efo Dad. Mae'n siŵr ar un olwg y byse fo wedi bod wrth ei fodd o 'ngweld i'n dod yn ôl i fyw a gweithio yng ngogledd Cymru, ond pan soniais i be o'n i'n meddwl ei wneud, dyma fo'n dweud, 'Gwranda. Ti wedi gweithio mewn dau dŷ bwyta sy'n cael eu cyfri gyda'r gorau ym Mhrydain. Wyt ti wir yn meddwl mai gweithio mewn gwersyll i blant yn y Bala ydi'r ffordd ymlaen i ti?' Does gen i ddim byd o gwbl yn erbyn y Bala – dwi wrth fy modd efo'r lle – ond o'i roi o fel 'na, ro'n i'n gallu gweld nad o'n i'n meddwl yn gall mewn gwirionedd. Ro'n i wedi datblygu a dysgu gormod i daflu'r cyfan i ffwrdd.

Yn ail, yn ôl yn Le Gavroche, roedd hi'n amlwg nad oedd y brodyr Roux isio fy ngholli i. Roedden nhw'n ddigon call i weld bod angen rhywbeth newydd arna i – rhywbeth i ail-lenwi'r batris – felly fe drefnon nhw i mi gael mynd i dreulio amser yn gweithio mewn tŷ bwyta yn ninas Nice yn ne Ffrainc. Dwi ddim yn synnu bod pobl yn mynd i dde Ffrainc ar eu gwyliau. Roedd symud o brysurdeb a mwg canol Llundain i haul a thraethau'r Riviera fel camu i fyd arall. Roedd y cyfan yn gwbl newydd i mi – y gwres, y lliwiau, yr ogleuon, y traeth. Yma, roedd tempo bywyd yn wahanol – roedd pawb yn ymlacio mwy – ac roedd hyn, a'r teimlad cyffredinol o fod yn fwy rhydd, hefyd yn treiddio i'r gegin.

Ro'n i'n gweithio yn un o adeiladau eiconig Nice, yr Hôtel Le Negresco efo'i gromen binc, a godwyd tua chan mlynedd yn ôl reit ar lan y môr ar y Promenade des Anglais. Cafodd ei enwi ar ôl y perchennog, Henri Negresco o Romania, oedd yn rhedeg casino crand yn y ddinas, ac isio denu'r cwsmeriaid mwyaf cyfoethog. Yn Le Negresco mae tŷ bwyta gorau Nice, sydd â dwy seren Michelin, sef Le Chantecler. Mae'r gwesty a'r tŷ bwyta ill dau'n sefydliadau byd-enwog, a phobl yn dod o bell i aros a bwyta yna.

Roedd dechrau gweithio yn y gegin yn dipyn o sioc i'r system – ond mewn ffordd dda. Ro'n i wedi arfer efo disgyblaeth Le Gavroche, yn enwedig yn ystod y cyfnodau prysur. Yma, roedd pethau'n fwy *laid back* o lawer. I ddechrau, roedd pawb yn cerdded i'r gwaith, ac roedd y daith bob bore ar hyd glan y môr mor braf nes bod neb yn *stressed* yn cyrraedd y gegin. Er mai i weithio'r es i yno, ac er bod y gwaith yn ddigon caled – wedi'r cyfan, nid ar chwarae bach mae cadw sêr Michelin – roedd y profiad yn teimlo fel gwyliau i fi, sef yr union beth oedd ei angen arna i.

Ro'n i'n gweithio chwe diwrnod yr wythnos, felly roedd un diwrnod rhydd gen i i grwydro'r ardal a mwynhau cerdded drwy'r hen ddinas, oedd heb newid ers canrifoedd. Yr unig drafferth oedd yr iaith. Er 'mod i'n gallu coginio yn Ffrangeg ac yn gwybod sut i baratoi pryd cymhleth yn yr iaith yn berffaith, doedd gen i ddim llawer o glem efo geiriau bob dydd. Ond gan fy mod i mewn awyrgylch mor braf, do'n i ddim yn poeni'n ormodol am y peth.

Roedd y bwyd yn wahanol hefyd. Roedd Le Gavroche yn gweini bwyd traddodiadol Ffrengig, a hufen a menyn yn gynhwysion pwysig iawn. Yma, roedd y bwyd yn dal i fod yn Ffrengig, ond yn dipyn ysgafnach, ac olew olewydd a finegr yn gynhwysion amlycach, a dylanwad yr Eidal a salads yn ysgafnhau'r prydau hefyd.

Arhosais i yn Nice dros dymor y gwyliau, ac roedd yn brofiad gwirioneddol werthfawr. Mi ddysgais i mewn ffordd ymarferol iawn fod mwy nag un ffordd o wneud pethau, a mwy nag un agwedd at goginio'n bosib. Mi ddois i 'nôl â 'mhen yn llawn syniadau, dylanwadau a brwdfrydedd i ddal ati. Bydde'n rhaid i'r *camper van* a Glan-llyn aros am dipyn eto ...

PYSGOD A BWYD MÔR

BRITHYLL MÔR MEWN HALEN GYDA SALAD FFENIGL A *MAYONNAISE* OLEW RÊP

DIGON I 4

1 brithyll môr 2kg, a'r pen,
   yr esgyll a'r cynffon wedi
   eu torri i ffwrdd
3kg halen môr bras
croen 2 lemon
10g hadau ffenigl
4 seren anis (*star anise*) wedi eu
   malu
10g puprennau du cyfan

SALAD FFENIGL

2 fwlb ffenigl wedi eu tocio,
   eu haneru a'r craidd wedi
   ei dynnu
sudd 1 lemon
50ml olew olewydd
6 radis wedi eu sleisio ar eu hyd
1 bwnsiad cennin syfi (*chives*)
   wedi eu torri'n fân

MAYONNAISE OLEW RÊP

3 melynwy
3 llwy fwrdd mwstard Dijon
25ml finegr gwin gwyn
500ml olew rêp
sudd lemon
halen a phupur

Cynheswch y popty i 180ºC / 350ºF / Nwy 4

Golchwch y brithyll a'i sychu.

Cymysgwch groen y lemon, yr hadau ffenigl, powdr y sêr anis a'r puprennau du i mewn i'r halen yn dda.

Rhowch un rhan o dair o'r halen ar hambwrdd pobi, rhowch y brithyll ar ei ben a gweddill yr halen drosto, gan ei orchuddio'n gyfan gwbl.

Rhowch yn y popty am 20 munud. Tynnwch yr hambwrdd allan o'r popty a gadael iddo oeri am 2–3 munud. Byddwch chi wedyn yn gallu hollti'r halen i gyrraedd at y brithyll.

Gweinwch efo salad ffenigl amrwd a *mayonnaise* olew rêp.

SALAD FFENIGL

Defnyddiwch fandolin neu gyllell finiog iawn i sleisio'r ffenigl mor denau ag sy'n bosibl. Rhowch mewn powlen, ychwanegu halen a phupur i flasu, sudd y lemon a'r olew olewydd. Gadewch i fwydo am 10 munud.

Ychwanegwch y radisys at y ffenigl. Cymysgwch yn dda ac ychwanegu'r cennin syfi.

MAYONNAISE OLEW RÊP

Rhowch y melynwyau, y mwstard a'r finegr mewn prosesydd bwyd, a defnyddio'r teclyn chwisgio i gyfuno'r cyfan am funud cyn dechrau arllwys yr olew i mewn yn raddol. Ychwanegwch sudd lemon, halen a phupur at eich dant.

PYSGOD A BWYD MÔR

CREGYN GLEISION MEWN SEIDR

DIGON I 4

2kg cregyn gleision wedi eu
golchi a'r barfau wedi eu tynnu

50g menyn

100g moron wedi eu plicio a'u
torri'n giwbiau bach

100g cennin wedi eu torri'n fân

100g seleriac wedi ei blicio a'i
dorri'n giwbiau bach

2 ddeilen lawryf (*bay leaf*)

300ml seidr

150ml hufen dwbl

halen a phupur

1 llwy fwrdd persli wedi'i
dorri'n fân

1 llwy fwrdd cennin syfi
(*chives*) wedi eu torri'n fân

Toddwch y menyn mewn sosban dros wres canolig. Ychwanegwch y moron, y cennin, y seleriac a'r dail llawryf a'u coginio nes eu bod yn feddal ond heb ddangos lliw.

Ychwanegwch y seidr a dod ag o i'r berw, yna tynnwch y sosban oddi ar y gwres a'i gadael i'r naill ochr.

Cynheswch sosban fawr dros wres uchel, ychwanegu'r cregyn gleision a'r gymysgedd seidr a llysiau, rhoi clawr ar y sosban a choginio am 3–4 munud nes bod y cregyn yn agor.

Taflwch unrhyw gregyn sy'n dal i fod ar gau.

Straeniwch y cregyn gleision drwy hidlwr a gwneud yn siŵr eich bod yn cadw'r hylif coginio.

Rhowch yr hylif mewn sosban fawr dros wres uchel a dod ag o i'r berw. Daliwch i'w ferwi nes iddo leihau o hanner. Ychwanegwch yr hufen, dod ag o'n ôl i'r berw yna tynnu'r sosban oddi ar y gwres.

Ychwanegwch y perlysiau a halen a phupur os oes angen. Arllwyswch yr hylif dros y cregyn gleision a'u gweini efo bara crystiog.

CREGYN BYLCHOG A LLYSIAU'R MÔR

4 cragen fylchog (*scallop*) fawr
wedi eu glanhau, heb y bol
a'r sgertiau, ond cadwch y
sgertiau a'r cregyn

Y SAWS
cnapyn o fenyn
1 sialotsyn wedi'i sleisio'n fân
4 madarchen fotwm wedi eu
sleisio'n fân
100ml gwin gwyn
200ml dŵr
200ml hufen dwbl
50g sampier (*samphire*)
10g eurllys penfelyn (*sea
purslane*)
10g betys arfor (*sea beet*)
1 lemon
halen a phupur

Toddwch y menyn mewn sosban a choginio'r sialotsyn a'r
madarch ynddo am 2–3 munud heb ddangos lliw.

Ychwanegwch sgertiau'r cregyn bylchog a'r gwin, ei leihau o
hanner yna ychwanegu'r dŵr a mudferwi'r cyfan am 3–4
munud i dynnu'r blas gorau allan o'r sgertiau.

Ychwanegwch yr hufen, dewch ag o i'r berw, ychwanegu halen a
phupur i flasu a'i arllwys drwy ridyll mân i mewn i sosban lân.

Torrwch y cregyn bylchog yn 3 darn ac ychwanegu halen a
phupur i flasu.

Dewch â'r saws hufen i'r berw, ei dynnu oddi ar y gwres ac
ychwanegu'r cregyn bylchog, y sampier, yr eurllys a'r betys at y
saws i botsio am 1–2 funud. Bydd gwres y saws yn ddigon
i'w goginio.

Gosodwch y cregyn ar wely o halen a rhannu'r llysiau rhyngddyn
nhw. Rhowch y darnau cregyn bylchog ar ben y llysiau ac arllwys
y saws drostyn nhw (os nad yw'r saws yn ddigon cynnes, dewch
ag o i bwynt mudferwi unwaith eto cyn ei ychwanegu).

Sgeintiwch â sudd lemon i weini.

CIMWCH A SGLODION

DIGON I 4

4 cimwch yn eu tymor,
    450g bob un
250g menyn dihalen
50g sialóts wedi eu torri'n fân
70g persli wedi'i dorri'n fân
6 ewin garlleg wedi eu torri'n fân
60ml Pernod
hanner nionyn wedi'i blicio
1 foronen fach
10 pupren
2 ddeilen lawryf (*bay leaf*)
1 sbrigyn teim

SGLODION

4–6 taten fawr Desiree

Meddalwch y menyn, rhoi'r sialóts, y persli, y garlleg a'r Pernod ynddo, cymysgu'r cyfan yn dda a'i osod i'r naill ochr.

Rhowch sosbennaid o ddŵr oer dros wres uchel, ychwanegu'r nionyn, y foronen, y puprennau, y dail llawryf a'r teim a dod â'r cyfan i'r berw. Mudferwch nes bod y llysiau wedi coginio.

Ychwanegwch ddau gimwch, eu mudferwi am 5 munud, eu tynnu o'r dŵr a gadael iddyn nhw oeri. Gwnewch yr un fath efo'r ddau arall.

Pan fyddan nhw i gyd wedi oeri, tynnwch y crafangau i ffwrdd. Holltwch nhw ar agor efo cyllell goginio drom a thynnu'r cig allan. Tynnwch y cig allan o'r coesgynnau *(knuckles)* hefyd a rhoi'r cyfan i'r naill ochr.

Defnyddiwch gyllell fawr, finiog i dorri pob cimwch yn ei hanner ar ei hyd a thynnu'r cig allan, gan daflu coden *(sac)* yr ymennydd. Glanhewch y cregyn.

Rhowch y menyn meddal mewn bag peipio a thaenu haen o fenyn yn y gragen o'r naill ben i'r llall. Torrwch gig y corff yn dri neu bedwar darn a'u rhoi yn ôl yn hanner arall y cregyn a'r cig coch yn dangos.

Rhowch gig y coesgynnau a'r crafangau yn y fan lle bu coden yr ymennydd. Peipiwch weddill y menyn dros ben pob cimwch.

Rhowch nhw ar hambwrdd pobi a'u gosod o dan gril canolig nes bod y menyn wedi toddi a'r cimwch yn boeth.

Gweinwch efo sglodion.

SGLODION

Cynheswch eich ffrïwr saim dwfn i 130°C.

Pliciwch y tatws a'u torri'n sglodion tew.

Rhedwch ddŵr oer dros y sglodion i waredu'r startsh, sychwch
nhw efo lliain glân a'u rhoi yn y ffrïwr am 4–6 munud nes eu
bod yn feddal ond ddim yn dangos lliw.

Tynnwch nhw allan a gadael iddyn nhw oeri. Gallwch eu gadael
yn yr oergell tan ychydig cyn eu gweini os oes angen.

I orffen y sglodion, cynheswch y ffrïwr i 185°C a rhoi'r sglodion
ynddo am 3–4 munud nes eu bod yn grimp ac yn euraid.
Draeniwch ar bapur cegin, ychwanegu halen môr tra eu bod yn
dal yn boeth, a'u gweini efo'r cimychiaid.

BRITHYLL BROWN,
MAYONNAISE WYSTRYS A LETYS

DIGON I 4

4 ffiled brithyll brown wedi
  eu glanhau a'r esgyrn wedi
  eu tynnu
2 wystrysen
1 melynwy
200ml olew llysiau
2 letysen Gem
olew rêp
sudd hanner lemon
halen a phupur

Agorwch yr wystrys (gweler y dull ar dudalen 26) gan gadw'r holl sudd. Rhowch nhw mewn hylifydd. Ychwanegwch y melynwy a hylifo'r cyfan am 20 eiliad.

Ychwanegwch yr olew llysiau'n raddol nes bod y gymysgedd yn dew, yna ychwanegu sudd lemon i flasu. Cadwch yn yr oergell nes bod ei angen.

Torrwch y letys ar eu hyd mewn chwarteri gan gadw'r siâp. Golchwch nhw'n dda a'u sychu efo lliain cegin, yna gosodwch nhw ar hambwrdd pobi. Sgeintiwch ychydig olew rêp drostyn nhw, a halen a phupur.

Wedyn defnyddiwch chwythlamp *(blowtorch)* i frownio'r letys a'u llosgi ychydig ar yr ymylon.

Rhowch halen a phupur ar ochr cnawd y ffiledi brithyll a'u gosod ar hambwrdd pobi a'r croen i fyny. Sgeintiwch ychydig olew rêp dros y crwyn, yna halen a phupur, wedyn defnyddio'r chwythlamp ar y croen nes ei fod yn grimp ac wedi duo.

Erbyn hyn, bydd y gwres wedi treiddio drwy'r pysgod a'u coginio.

Gweinwch tra bo'r pysgod yn dal yn gynnes, efo'r chwarteri letys a llwyaid hael o'r *mayonnaise* wystrys.

TELEDU

Ro'n i'n falch o gyrraedd yn ôl i Lundain ac i ferw cegin Le Gavroche. Ond ar ôl cael ail wynt yn ne Ffrainc, ro'n i'n awyddus i fynd i'r afael â her newydd.

Roedd gen i gyfaill oedd yn gweithio yn nhŷ bwyta Terence Conran yn Marleybone High Street, sef yr Orrery, ac fe soniais i wrtho 'mod i'n chwilio am rywbeth newydd. O fewn wythnos, cysylltodd Chris Galvin, yr *head chef*, i gynnig swydd i mi. Roedd gen i benderfyniad i'w wneud. Mewn ffordd, ro'n i'n drist i adael Le Gavroche, ac yn sicr doedden nhw ddim am fy ngholli i – aeth Albert Roux â fi am ginio yn ystod fy wythnos ola i siarad am y dyfodol – ond roedd hi'n bryd i mi symud ymlaen. Ers hynny, mae Michel Roux wedi dweud y byswn i siŵr o fod wedi bod yn *head chef* yn Le Gavroche taswn i wedi aros, ac er bod honno'n swydd y byse unrhyw *chef* yn dyheu am ei chael, gadael oedd y peth iawn i'w wneud ar y pryd. Does dim pwrpas difaru dim byd mewn bywyd – symud ymlaen sy'n bwysig, ddim byw yn y gorffennol a meddwl tybed beth allai fod wedi digwydd.

Felly mi benderfynais i dderbyn cynnig yr Orrery, ac er mai *sous chef* oedd y swydd, sef yr un swydd ag oedd gen i yn Le Gavroche, roedd y telerau'n wahanol iawn. I ddechrau, roedd y pres llawer iawn yn well – dyma pryd sylweddolais i am y tro cynta ei bod hi'n bosib ennill pres da os wyt ti'n coginio'n dda. Ond y peth wnaeth selio'r fargen i fi – y *dealbreaker* – oedd yr oriau gwaith, sef pedwar diwrnod a hanner yr wythnos. Ar ôl arfer â gweithio 80 o oriau a mwy bob wythnos, roedd hon yn teimlo fel swydd ran amser i fi.

Unwaith eto, ro'n i'n gorffen un swydd ar nos Wener, ac yn cychwyn mewn tŷ bwyta newydd ar y bore Llun canlynol. Roedd y cyfnod yma – dechrau'r mileniwm newydd – yn gyfnod cyffrous arall i dai bwyta Llundain. Roedd yr Orrery yn un o genhedlaeth newydd o *restaurants* oedd yn fwy parod i arbrofi gyda bwyd, yn cynnig syniadau mwy *wacky* ac yn defnyddio dychymyg wrth greu prydau. Roedd yn gyfle i fi ddechrau datblygu, ac o'r diwedd, rhoi popeth ro'n i wedi'i ddysgu dros y blynyddoedd ar waith. Roedd gen i fwy o ryddid, ac efo chwe blynedd o hyfforddiant y tu ôl i fi, roedd gen i'r hyder i aeddfedu a mentro. Ro'n i hefyd yn edrych ymlaen at gael mwy o amser hamdden ac oriau gwaith mwy hyblyg, ond dylwn i fod wedi nabod fy hun yn well na hynna. Gan 'mod i bob amser yn benderfynol o wneud popeth yn berffaith, neu'r agosaf at berffaith sy'n bosib, ro'n i'n gweithio oriau ychwanegol ac yn mynd i mewn i'r gegin pan doedd dim angen i mi fod yno, ac ymhen ychydig, ro'n i'n gweithio llawn cymaint o oriau ag o'r blaen. Y gwahaniaeth oedd fy mod i bellach yn cael bod yn greadigol, ac yn cael llwyfan i arddangos fy ngallu.

Roedd yr Orrery yn dŷ bwyta ffasiynol, a llawer o bobl greadigol ac o'r cyfryngau'n bwyta ac yn cyfarfod yno. Un o'n cwsmeriaid rheolaidd oedd Pat Llewelyn, prif weithredwr Cwmni Optimen Television, oedd yn byw'n agos ac yn galw i mewn yn aml. Hi oedd yn gyfrifol am raglenni *The Naked Chef* Jamie Oliver, *Two Fat Ladies* a chyfresi gyda Gordon Ramsay a Heston Blumenthal. Roedd hi wrthi'n gweithio ar raglen beilot ar gyfer cyfres newydd, uchelgeisiol oedd yn rhoi sylw i gogyddion o ranbarthau a gwledydd Prydain. Y syniad oedd y byddai dau gogydd o bob rhanbarth yn cystadlu yn erbyn ei gilydd i greu pryd o fwyd pedwar cwrs, ac wedyn byddai'r *chef* buddugol yn mynd drwodd i'r rownd derfynol, a phob cwrs yn cael ei feirniadu ar wahân, a'r cyhoedd yn pleidleisio dros y saig orau. Ac nid cystadleuaeth deledu yn unig oedd hon – roedd gwobr go iawn, sef coginio'r seigiau buddugol mewn cinio mawreddog i 300 o bobl i ddathlu pen-blwydd y Frenhines yn y Mansion House. Enw'r gyfres oedd *The Great British Menu*.

Wrth iddi sgwrsio am y rhaglen efo rheolwr yr Orrery, soniodd Pat ei bod yn cael trafferth dod o hyd i gogyddion i gynrychioli Cymru, felly pan sylweddolodd hi fod *sous chef* un o'i hoff dai bwyta yn Gymro o Ddyffryn Clwyd, roedd ganddi ddiddordeb mawr. Mi ges i neges y bydde rhywun yn fy ffonio i drafod y rhaglen, ond gan nad oedd gen i fyth amser i wylio'r teledu, heb sôn am feddwl mynd ar raglen fy hun, do'n i ddim yn rhy siomedig pan na chlywais i ddim byd. Ond chwe mis yn ddiweddarach, mi ddaeth yr alwad ffôn, ac ro'n i'n reit chwilfrydig nes i mi ddeall beth oedd y rhaglen, a sylweddoli nad oedd gen i lawer o ddiddordeb yn y fformat. Roedd yn swnio'n rhy debyg i *reality TV* at fy nant i, felly mi benderfynais i wrthod. Do'n i ddim wedi gweithio am yr holl flynyddoedd yn dysgu fy nghrefft ddim ond i golli unrhyw hygrededd oedd gen i ar ryw raglen geiniog a dimau.

Roedd fy meddwl i ar bethau uwch na choginio o flaen camera. Yr hyn oedd yn bwysig i fi oedd cael fy nerbyn yn y diwydiant. Yn 1984 roedd y brodyr Roux wedi sefydlu ysgoloriaeth arbennig i *chefs* dan 30 oed, er mwyn codi proffil coginio ym Mhrydain a newid y ffordd roedd gweddill y byd yn edrych ar ein bwyd ni. Yn draddodiadol, fyddai dim gobaith i *chef* o Brydain gael gwaith yn Ffrainc – roedd y ddelwedd o fwyd Prydain y tu allan i'r gwledydd hyn yn wael iawn. Bwriad yr ysgoloriaeth oedd codi statws y proffesiwn, a galluogi cenhedlaeth newydd i sefyll ochr yn ochr â mawrion y byd. Dim ond y gorau oedd yn cael ymgeisio, ac roedd y gystadleuaeth yn ffyrnig iawn, a chogyddion o bob rhan o Brydain yn cystadlu drwy rowndiau rhanbarthol i gyrraedd y brig. Yn 2006 ces i gyfle i gystadlu, a des i'n ail. Ro'n i ar ben fy nigon – roedd hyn yn brawf clir fy mod i wedi cyrraedd safon uchel o sgiliau technegol, yn ogystal â gallu deall a gwerthfawrogi hanes coginio clasurol. Ro'n i rŵan yn gallu galw fy hun yn *chef*.

Er i mi eu gwrthod ar sawl achlysur, doedd y cwmni teledu ddim am adael i fi fynd, ac yn cysylltu'n gyson i holi fyswn i'n ailfeddwl. Yn y pen draw, mi gytunais i gyfarfod am sgwrs. Dwi'n cofio'n iawn eistedd yn steshon Victoria yn Llundain yn gwrando arnyn nhw'n sôn am y gyfres, a theimlo'n eitha diamynedd – tan iddyn nhw ddweud wrtha i pwy arall oedd wedi cytuno i gymryd rhan. Yn sicr, nid cogyddion ceiniog a dimau oedd y rhain, ond pobl brofiadol, *chefs* roedd gen i barch mawr atyn nhw. Angela Hartnett oedd yn cynrychioli Cymru. Ar y pryd, roedd hi'n *head chef* yn y Connaught yn Llundain, ac wedi ennill seren Michelin. Chymerodd hi ddim llawer o amser i fi newid fy meddwl, a gweld y gallai hwn fod yn gyfle gwych.

Ar ôl cael *screen test* i weld fyddwn i'n addas ar gyfer y teledu, ces i gynnig y job. I raddau, roedd hyn yn mynd â fi allan o fy *comfort zone* – yn y gegin yn paratoi bwyd oedd fy lle i, nid yn perfformio o flaen camera. Roedd mor bwysig i fi beidio â cholli ffocws fy ngwaith, a coginio oedd y ffocws yna. Ond dwi wrth fy modd efo her, ac yn sicr, fi oedd yr *underdog* yn y gystadleuaeth – hogyn ifanc yn fy ugeiniau yn mynd benben â *chefs* oedd â degawdau o brofiad rhyngddyn nhw.

Y cyfarwyddyd gawson ni cyn bwrw iddi oedd creu pryd o fwyd pedwar cwrs – starter, cwrs pysgod, prif gwrs a phwdin – mor Gymreig â phosib. Doedd dim cyfyngiadau ar y cynhwysion, ac i fi, roedd hyn yn wirioneddol gyffrous. Doedd neb yn disgwyl i fi ennill rownd Cymru, heb sôn am fynd yr holl ffordd i'r Mansion House, felly doedd dim pwysau mawr arna i fel oedd ar y lleill. Roedd gen i ddigon o ffydd yn fy ngallu i goginio, felly doedd y diffyg profiad teledu a chystadlu ddim yn broblem. Ro'n i wrth fy modd. Dwi ar fy ngorau dan bwysau, ac yn teimlo fy hun yn tyfu wrth i'r pwysau gynyddu. Do'n i ddim yn nerfus o gwbl. Wedi'r cyfan, platiad o fwyd ro'n i'n ei baratoi – do'n i ddim yn meddwl am y gynulleidfa, dim ond canolbwyntio ar gael y bwyd yn iawn, sef be o'n i'n ei wneud bob dydd beth bynnag.

Unwaith i mi ddechrau ar y gystadleuaeth felly, daeth popeth yn gwbl naturiol, ac roedd yr awyrgylch yn y gegin yn hwyliog iawn – digon o dynnu coes a chwerthin, ond roedd pawb hefyd yn cymryd y gwaith yn gwbl o ddifri, wth reswm. Yn y rownd gyntaf yn erbyn Angela, y cyfan ro'n i isio'i wneud oedd gwneud cyfiawnder â'r bwyd a phlesio'r beirniaid. Byddai hynna wedi bod yn ddigon i fi.

Mi rois i bopeth oedd gen i yn y pryd bwyd, gan ddefnyddio digon o ddychymyg wrth drin y cynnyrch traddodiadol a chreu'r pryd gorau gallwn i. Mae'n amlwg fod y beirniaid yn gallu gweld beth ro'n i'n trio'i wneud, oherwydd ar ddiwedd wythnos galed o gystadlu, fi oedd yn fuddugol. Er 'mod i'n hyderus fod y bwyd yn dda, ac yn gwybod ei fod o safon uchel, roedd ennill rownd Cymru a churo rhywun o statws Angela'n deimlad anhygoel, ac roedd cael mynd drwodd i'r rownd derfynol yn hwb anferth i fi. Dwi'n cyfadde 'mod i'n gystadleuol, ac felly o hynny ymlaen, mi es i *all out* i ennill.

Ar ddiwedd y rownd derfynol, roedd pleidlais i ddewis pa seigiau oedd yn mynd i gael eu coginio yn y wledd. Mi dalodd fy ngwaith caled ar ei ganfed, ac enillais i'r cwrs pysgod a'r prif gwrs. Y rheol oedd mai dim ond un saig oedd unrhyw *chef* yn cael ei goginio ar y noson, felly roedd rhaid i fi ddewis pa un i'w wneud i'r Frenhines. Y saig pysgod oedd *turbot* wedi'i ffrio efo cocos a chig eidion du, a beth arall ond cig oen Cymreig yn brif gwrs. Penderfynais i fynd am y cwrs pysgod ar gyfer y wledd derfynol, ac o'r ymateb ges i, roedd yn ddigon llwyddiannus, gyda llawer o ganmol. Roedd hynna'n rhyddhad enfawr i fi, achos nid yn unig ro'n i'n coginio i bobl oedd yn deall beth oedd bwyd da, ond do'n i ddim erioed wedi coginio i'r fath niferoedd o'r blaen.

Drwy'r gyfres i gyd, un peth ro'n i'n benderfynol o'i wneud oedd bachu ar bob cyfle posib i bwysleisio pa mor dda ydi bwyd Cymru, a bod gennon ni'r cynhwysion gorau ar gyfer creu prydau o'r safon uchaf. Ar ôl y wledd yn y Mansion House, dwi ddim yn meddwl y byddai neb yn mentro gwrth-ddweud hynna yn fy nghlyw i.

Tra o'n i'n gweithio ar y cynhyrchiad, ro'n i yn fy myd bach fy hun, yn canolbwyntio'n llwyr ar y gwaith. Do'n i ddim yn ystyried y byddai pobl yn gwylio'r rhaglen ac yn ymateb iddi nes i Dad ddweud wrtha i ar y ffôn ar ôl y rhaglen gyntaf: 'Cymer ofal, a gobeithio wir nad wyt ti ddim yn rhegi ar y rhaglen yma – mae dy Nain yn gwylio, cofia.' Mi ges i dipyn o sylw yng Nghymru ar ôl y rownd gyntaf, a'r cyfryngau a'r papurau newydd wrth eu bodd fod Cymro'n chwifio'r faner ac yn gwneud yn olreit ar y rhaglen, ond do'n i ddim wir wedi sylweddoli bod pobl ar draws Prydain i gyd yn gwylio nes i yrrwr tacsi yn Llundain droi ata i yn ei gab a gofyn ai fi oedd y *chef* 'off the telly'.

Do, fe gododd y gwaith teledu fy mhroffil cyhoeddus heb os, ond mi newidiodd y ffordd roedd pobl yn y diwydiant yn fy ngweld i hefyd. Roedd *chefs* eraill yn dechrau siarad efo fi, ac ro'n i'n teimlo 'mod i'n cael fy nerbyn. Mae'n siŵr y byddai hyn wedi digwydd ymhen amser beth bynnag, ond roedd coginio i'r Frenhines fel *short cut* i mewn i'r clwb *exclusive*.

Tra o'n i'n gwneud *The Great British Menu*, ro'n i'n dal i weithio yn yr Orrery, ac er bod yr amlygrwydd ro'n i'n ei gael yn dod â chyhoeddusrwydd i'r lle, roedd rhaid i fi gymryd gwyliau i wneud y ffilmio – ches i ddim amser yn rhydd o'r gwaith o gwbl. Erbyn hyn, ro'n i wedi bod yno ers tair blynedd, ac unwaith eto roedd y traed yn cosi. Ac fel digwyddodd o'r blaen pan o'n i'n meddwl am gymryd amser i ffwrdd, mi ges i gynnig oedd yn rhy dda i'w wrthod.

SYMUD YMLAEN

Chris Galvin oedd *head chef* yr Orrery pan ddechreuais i yno, ac mi fwynheais i weithio efo fo. Roedd o wedi gadael i fi ddatblygu ac arbrofi, ac roedden ni'n dîm da. Ddwy flynedd ar ôl i fi ddechrau yno fe adawodd Chris yr Orrery, a rŵan, flwyddyn yn ddiweddarach, roedd o ar fin agor tŷ bwyta Windows yng ngwesty'r Hilton yn Park Lane.

Go brin y cewch chi dŷ bwyta â golygfeydd gwell yn unman yn Llundain. Mae Windows ar wythfed llawr ar hugain yr adeilad, ac fel mae'r enw'n ei awgrymu, mae yna ffenestri o'r nenfwd i'r llawr yn amgylchynu'r ardal fwyta gyfan. Mae'n bosib gweld pob rhan o Lundain oddi yma, felly mae'n rhaid i'r bwyd fod yn drawiadol iawn i gystadlu â'r olygfa. Cysylltodd Chris â fi i ofyn fyswn i'n fodlon dod ato fo fel *chef* i agor y *restaurant*.

Unwaith eto, ro'n i'n cael fy nhynnu ddwy ffordd. Doedd dim amheuaeth fod y gwahoddiad yn un gwirioneddol ffantastig – yn benllanw'r holl hyfforddiant a'r gwaith caled. Ar y llaw arall, yn ogystal â gweithio'n llawn amser yn yr Orrery, roedd llawer o amser ac ymdrech wedi mynd i'r gwaith ar *The Great British Menu*, a hynny heb gael yr un diwrnod yn rhydd o'r gwaith i'w wneud o. Ro'n i'n flinedig i fêr fy esgyrn, ac er nad o'n i'n meddwl am newid cwrs fy mywyd y tro yma, ro'n i'n wirioneddol angen *break*, ac roedd y syniad o gychwyn unwaith eto mewn cegin newydd yn un arswydus. Ond roedd y cynnig yn un mor dda nes yn y diwedd, mi benderfynais i ar gyfaddawd a chytuno i fynd i Windows am chwech wythnos, oedd yn gyfnod digon hir i sefydlu'r lle, ond a fyddai'n gadael i fi gael y *break* yna taswn i isio ymhen ychydig.

Gan 'mod i'n treulio fy holl amser yn y gegin, do'n i ddim yn ymwybodol iawn o fawr ddim byd oedd yn digwydd y tu allan. Unwaith i fi orffen ffilmio *The Great British Menu*, roedd fy ffocws yn symud yn ôl at y gwaith bob dydd, yn enwedig efo'r holl gyffro oedd yn cyd-fynd ag agor *restaurant* newydd. Falle mod i'n naïf, neu falle do'n i jest ddim wedi meddwl am y peth yn iawn, ond do'n i ddim wedi dallt y bysa pobl isio rhoi sylw i fi am fy mod i ar y teledu. Buan iawn wnes i ddysgu bod cael wyneb ac enw mae pobl yn eu nabod yn gwneud gwahaniaeth mawr i gwsmeriaid, ac roedd pobl yn dechre dod i'r tŷ bwyta yn unswydd am 'mod i yno. Wrth gwrs, roedd hyn yn dda i'r busnes, ond dwi ddim yn meddwl bod yr Orrery yn rhy hapus – roedd pobl yn mynd yno i chwilio amdana i, ac erbyn hynny ro'n i wedi gadael ac yn gweithio yn Windows. Do'n i ddim yn teimlo'n euog o gwbl – falle tasen nhw wedi rhoi ychydig o amser rhydd i fi wneud y gwaith teledu, byswn i'n teimlo'n wahanol, ond wnaethon nhw ddim, a Chris a'r fenter newydd oedd ar eu hennill. Yn amlwg, roedd 'na lot o bobl wedi clywed am Windows ac yn awyddus i ddod yno i gael blas ar y lle, ac yn ogystal â'r cwsmeriaid arferol y bydden ni'n eu disgwyl, roedd cannoedd o bobl yn dod am eu bod wedi gweld y gyfres ac yn awyddus i gael bwyd gan *chef* oedd wedi coginio i'r Frenhines.

Un o'r bobl ddaeth yno oedd Vince Power, Gwyddel o County Waterford yn wreiddiol. Roedd Vince wedi symud i Lundain yn 15 oed, ac wedi gweithio mewn pob math o swyddi, gan ddatblygu busnesau dodrefn ail-law yng ngogledd Llundain i ddechrau. Roedd llwyddiant y busnesau yma'n golygu ei fod wedi gallu dilyn ei ddiddordeb mawr, sef cerddoriaeth, ac agor clwb y Mean Fiddler, oedd yn arbenigo mewn cerddoriaeth Wyddelig a *country and western*. Datblygodd hwn i fod yn *venue* llwyddiannus ar gyfer cerddorion newydd ac enwau mawr, ac aeth Vince ymlaen i fod yn *entrepreneur* llwyddiannus dros ben, yn sefydlu a rheoli gwyliau cerddorol a llawer o glybiau nos a thai bwyta.

Roedd Vince wedi prynu tŷ bwyta o'r enw Odette's yn ardal Primrose Hill, ac fe gynigiodd i fi fynd yno'n *head chef*. Agorwyd Odette's yn wreiddiol yn y 1970au, ac er ei fod yn fach ac ychydig allan o ganol Llundain, roedd yn eitha adnabyddus. Mae Primrose Hill a Camden yn ardaloedd bohemaidd a ffasiynol, ac roedd Odette's yn denu pobl leol ac wedi'i sefydlu ei hun fel tŷ bwyta poblogaidd yn y gymdogaeth. Tŷ preifat oedd o'n wreiddiol, ac wir, roedd yn teimlo fel cerdded i mewn i gartref rhywun wrth ddod drwy'r drws. Roedd yn lle croesawgar a chyfeillgar, yn wahanol i ambell un o'r tai bwyta enwocaf, o bosib, oedd yn gallu codi braw ar y cwsmer. Yn y blynyddoedd diweddar, doedd y lle ddim wedi bod yn gwneud cystal, ac mi welodd Vince gyfle i'w godi'n ôl ar ei draed.

Roedd y cynnig yn apelio ata i'n fawr. Un o'r rhesymau am hyn oedd yr ardal. Er 'mod i wrth fy modd yn Llundain, fel hogyn oedd wedi'i fagu yng nghefn gwlad ac yn mwynhau'r awyr iach, ro'n i'n gweld isio gwyrddni – coed a glaswellt a bywyd ychydig yn fwy hamddenol. Er mai rhyw filltir neu ddwy i ffwrdd ydi hi, mae Primrose Hill yn wahanol iawn i ganol y ddinas, yn fwy fel pentref, a phobl yn nabod ei gilydd – cymdogaeth go iawn.

Roedd hwn hefyd yn amser da i fi sefydlu fy hun fel *chef*, ac mae'n siŵr fod Vince, fel dyn busnes craff, wedi sylweddoli y byddai pobl oedd wedi bod yn gwylio *The Great British Menu* yn awyddus i gael blas ar y bwyd ro'n i'n ei goginio. Ro'n i wedi cytuno i fynd yn ôl ar gyfer yr ail gyfres, felly roedd fy mhroffil i'n eitha uchel.

Roedd hyn yn help mawr wrth lansio Odette's, wrth gwrs, a doedd dim prinder cwsmeriaid o'r dechrau. Ochr arall y geiniog oedd bod lot mwy o bwysau arna i fel *chef* gan fod disgwyliadau pobl yn uchel. Ond fel un sy'n medru dal y pwysau a chroesawu her, doedd hynny ddim yn broblem. A beth bynnag, ro'n i'n ddigon hyderus yn fy ngwaith erbyn hyn, ac yn gwybod sut ro'n i am ddatblygu'r lle. Unwaith eto, roedd y gwaith yn galed, ond y tro yma, roedd natur y pwysau'n wahanol. Wrth weithio fy ffordd i fyny, roedd y pwyslais wedi bod ar blesio'r bós, gwneud y peth iawn a dilyn cyfarwyddiadau. Erbyn hyn, roedd yr esgid ar y droed arall, a fi oedd yn galw'r *shots*. Ro'n i wrth fy modd.

Fues i'n andros o lwcus o fod wedi hyfforddi efo dau o'r *chefs* gorau yn Ewrop oedd ag agwedd wahanol iawn i'w gilydd at redeg tŷ bwyta, ac wrth sefydlu fy lle fy hun, ro'n i'n gallu cymryd elfennau gorau'r ddau i greu stamp personol. Blas oedd y peth pwysig i Marco Pierre White. Y plât o fwyd oedd yr unig beth oedd yn cyfri – cael hwnnw'n berffaith. Efo Michel Roux, ar y llaw arall, mi ddois i ddallt bod y Ffrancwyr yn defnyddio tŷ bwyta fel ffordd o fyw. Yn amlwg, roedd y blas a'r cynnyrch yn bwysig iawn iddo, ond roedd yna elfen hanfodol arall hefyd. Ar y pryd, do'n i ddim yn dallt beth oedd honno, ond o edrych yn ôl, ro'n i'n gallu gweld bod y cynnyrch a'r coginio'n gorfod bod yn dda, ond bod yn rhaid edrych ar ôl y cwsmer a gwneud y profiad cyflawn yn un pleserus hefyd. Tra oedd Marco'n ddigon bodlon lluchio pobl allan o'i dŷ bwyta, roedd Michel yn croesawu pobl. Wrth sefydlu fy lle fy hun, roedd fy agwedd i'n debycach at un Michel o ran awyrgylch, ond gan gadw pwyslais Marco ar ansawdd y bwyd.

Ro'n i wedi cael blas ar waith teledu, ond dwi bob amser wedi bod yn ofalus iawn am unrhyw gynigion dwi'n cytuno i'w derbyn. Roedd *The Great British Menu* wedi bod yn hwb anhygoel i 'ngyrfa ac mi arhosais i efo'r rhaglen fel mentor ar nifer o gyfresi. Roedd galwadau eraill yn dod o bob cyfeiriad, ond ro'n i hefyd yn benderfynol mai fel *chef* fyddai pawb yn fy nabod i, ac nid fel rhywun oedd yn coginio ar y teledu. Am y rheswm yna, dwi'n tueddu i wrthod cynigion gan raglenni sy'n rhoi mwy o bwyslais ar adloniant na'r coginio ei hun. Buodd *Ready Steady Cook* yn cysylltu'n gyson â fi, ond er 'mod i'n gwybod ei bod yn rhaglen boblogaidd, doedd hi ddim yn addas i fi. Mi gytunais i fynd ar *Saturday Kitchen* fel *chef* rheolaidd, oherwydd unwaith eto, y bwyd a'r coginio oedd y peth pwysicaf yn y rhaglen hon, er bod digon o hwyl i'w gael arni hefyd. Fel mae'r enw'n awgrymu, rhaglen sy'n cael ei darlledu ar fore Sadwrn ydi hi, ac mae'n ffordd o gyflwyno bwyd o ansawdd wirioneddol uchel i gynulleidfa ehangach. Er 'mod i'n cymryd fy ngwaith yn gyfan gwbl o ddifri, mae'n rhaid cofio mai rhywbeth i'w fwynhau ydi bwyd yn y pen draw, ac mae'r rhaglen hon yn cyfuno'r safon uchel efo dipyn bach o hwyl ar benwythnos. Ond dwi'n ofalus i beidio ymddangos arni'n rhy aml. Ges i gynnig i'w chyflwyno tra oedd y cyflwynydd arferol, James Martin, i ffwrdd, ond doedd gen i ddim diddordeb. Ro'n i wedi dysgu pwysigrwydd ffocws, ac ar Odette's oedd fy ffocws pennaf i. Do'n i ddim am gael fy nhynnu ormod i gyfeiriad arall.

Er 'mod i'n byw yn Llundain ers blynyddoedd, roedd fy nghyswllt i efo Cymru'n gryf iawn o hyd, ac nid efo'r teulu yn y gogledd yn unig. Roedd llawer o Gymry'n dod i Odette's, ac roedd diddordeb gan y wasg yng Nghymru yn y fenter newydd. Pan ges i fy ngwahodd i baratoi cinio yng Nghanolfan y Mileniwm yng Nghaerdydd mewn digwyddiad i godi arian, agorodd drws arall i fi. Roedd y lle'n llawn Cymry adnabyddus, ac yn eu plith roedd y cynhyrchydd teledu Gwenda Griffith o gwmni Fflic. Ddechreuon ni sgwrsio, a holodd hi a fyddai gen i ddiddordeb mewn gwneud cyfres deledu yn Gymraeg. Doedd y peth ddim wedi croesi fy meddwl i cyn hynny, ac wrth gwrs ro'n i'n ofalus am unrhyw brosiect o'r fath. Ro'n i wedi cyhoeddi llyfr rysetiau, *Bryn's Kitchen*, ychydig cyn hynny, a syniad Gwenda oedd gwneud cyfres yn seiliedig ar y gyfrol. Beth werthodd y syniad i fi oedd ei bod hi'n dweud y bydden nhw'n cadw'r un safon yn y rhaglen deledu ag oedd yn y gyfrol, hynny yw, y byddai'r holl beth yn edrych yn dda, a'r bwyd fyddai'n cael y lle blaenaf – a'r cynnyrch yn dod o Gymru, wrth gwrs.

Mi gytunais i wneud y rhaglen, a dwi'n meddwl fod *Cegin Bryn* wedi profi'n boblogaidd – rydan ni wedi ffilmio pum cyfres i S4C erbyn hyn. Un peth nad o'n i'n ei ddisgwyl oedd y bydde'n anodd gwneud y gwaith yn Gymraeg. Roedd hyn yn sioc i fi – wedi'r cyfan, hogyn o aelwyd Gymraeg yn Ninbych o'n i, a Chymraeg oedd fy iaith gynta. Ond yn Saesneg ac yn Ffrangeg ro'n i wedi bod yn gweithio ers dros ddegawd. Do'n i ddim wedi byw yng Nghymru ers blynyddoedd, ac ambell waith byswn i'n mynd am wythnosau ar y tro heb siarad gair o Gymraeg. Roedd trio esbonio'r rysetiau ac egluro dulliau coginio yn Gymraeg yn anodd ar y dechrau – doedd y geiriau ddim yn dod yn hawdd. Erbyn hyn, dwi wedi arfer, diolch byth, ac mae fy Nghymraeg i rŵan gymaint gwell. Do'n i erioed wedi meddwl y byswn i'n colli'r iaith, ac roedd yn syndod dallt bod ieithoedd eraill yn dod i fy meddwl gynta yn y gegin. Roedd yn bwysig i mi gael y Gymraeg yn ôl ar flaen fy nhafod.

CIG A HELGIG

FFESANT MEWN BRIWSION GYDAG WY WEDI'I FFRIO A SGLODION

DIGON I 4

4 brest ffesant
75g blawd plaen
3 wy wedi eu curo'n ysgafn
125g briwsion bara
olew rêp i goginio
menyn i goginio
4 wy ffesant neu hwyaden
1 llwy de caprys (*capers*)
8 ffiled ansiofi (*anchovy*)

Fesul un, rhowch bob brest ffesant rhwng dwy haen o *clingfilm* a defnyddio morthwyl cig neu rolbren i'w teneuo i tua 1cm drostynt. Tynnwch y *clingfilm*.

Rhowch y blawd, yr wyau wedi eu curo a'r briwsion bara mewn dysglau bas ar wahân.

Trochwch y brestiau yn y blawd, wedyn yr wyau, wedyn y briwsion bara, a'u taflu i'w gorchuddio'n llwyr.

Cynheswch badell ffrio *non-stick* nes ei bod yn boeth. Ychwanegwch ychydig olew a menyn a ffrio'r brestiau ffesant bob ochr nes eu bod yn euraid ac wedi coginio drwyddynt.

Mewn padell ffrio arall, cynheswch ychydig olew a menyn a ffrio'r wyau, gan ychwanegu halen a phupur i flasu. Rhowch y caprys a'r ansiofis ar yr wyau cyn eu gweini.

Rhowch yr wyau ar ben y ffesant a gweini'r cyfan efo sglodion (gweler tudalen 53).

HWYADEN ROST A SALAD ENDIF

DIGON I 4

1 hwyaden 2.5kg parod
  i'w rhostio
1 llwy de puprennau wedi
  eu hollti
1 llwy de halen môr
150g mêl
1 llwy de hadau coriander wedi
  eu hollti
4 endif melyn
50ml dresin Odette's
  (gweler tudalen 30)

Defnyddiwch gyllell finiog i grafu rhychau yng nghroen yr hwyaden tua 6–7 gwaith ar bob ochr, ond gofalwch beidio â mynd drwodd a thorri'r cig.

Rhowch yr hwyaden ar rac weiren mewn tun rhostio a rhwbio'r puprennau a'r halen i mewn i'r croen yn dda.

Rhowch yr hwyaden yn y popty am 20 munud ar 180ºC / 350ºF / Nwy 4. Tynnwch y tun rhostio allan o'r popty, arllwys y braster allan o'r tun a'i gadw i'r naill ochr.

Gostyngwch y gwres i 140ºC / 275ºF / Nwy 1. Pan fydd y popty wedi cyrraedd y gwres newydd, rhowch y tun yn ôl yn y popty a rhostio'r hwyaden am awr a chwarter arall, a'i hiro efo'r braster sy yn y tun bob 15 munud.

Tra bo'r hwyaden yn rhostio, cymysgwch y mêl a'r hadau coriander efo'i gilydd mewn powlen.

Ar ôl awr a chwarter, tynnwch yr hwyaden allan o'r popty ac arllwys y braster allan o'r tun. Codwch wres y popty yn ôl i 180ºC / 350ºF / Nwy 4.

Taenwch y mêl a'r coriander dros yr hwyaden a'i rhoi'n ôl yn y popty. Coginiwch am 20 munud arall, ei hiro bob pum munud efo'r sudd fydd yn y tun, a chadw llygad gofalus ar y mêl rhag iddo losgi.

Pan fydd yn barod, tynnwch o'r popty a gadael iddi orffwys am 15 munud cyn ei gweini, a fydd yn rhoi amser i chi baratoi'r salad drwy daflu'r dail endif yn y dresin a'u cymysgu'n dda.

CIG EIDION MEWN CWRW

DIGON I 4

4 boch cig eidion 200g bob un
1 nionyn wedi ei blicio a'i
   dorri'n chwarteri
1 foronen wedi ei phlicio a'i
   thorri'n chwarteri
1 coesyn seleri wedi ei
   dorri'n chwarteri
2 ddeilen lawryf (*bay leaf*)
1 sbrigyn teim
1 seren anis (*star anise*)
1 llwy de puprennau cyfan
330ml cwrw
1 litr stoc cyw iâr
halen a phupur
100ml olew rêp

Y TWMPLENNI

75g siwet cig eidion
   wedi'i gratio
75g briwsion bara
75g blawd codi
1 llwy de dail teim
1 wy wedi'i guro
1 llwy fwrdd llaeth
50g hufen rhuddygl
   (*horseradish*)
pinsiad o halen

Cynheswch y popty i 140ºC / 275ºF / Nwy 2 pan fyddwch yn barod i goginio'r cig.

Ddiwrnod cyn gweini'r pryd yma, rhowch y bochau cig eidion mewn powlen fawr. Ychwanegwch y nionyn, y foronen, y seleri, y dail llawryf, y teim, y seren anis, y puprennau a'r cwrw. Cymysgwch yn dda a gadael iddo sefyll yn yr oergell dros nos.

Drannoeth, tynnwch y cig allan o'r marinâd, ei sychu â phapur cegin a'i roi i'r naill ochr.

Draeniwch y llysiau a'r sbeisys drwy hidlwr a chadw'r hylif. Rhowch y llysiau i'r naill ochr.

Rhowch yr hylif mewn sosban a dod ag o i'r berw, gan dynnu unrhyw ewyn sy'n codi i'r wyneb.

Cynheswch yr olew rêp mewn dysgl caserôl dros y gwres. Rhowch halen a phupur ar y bochau cig eidion a'u selio nes eu bod yn euraid.

Tynnwch nhw allan o'r ddysgl, rhoi'r llysiau i mewn a'u coginio am 2–3 munud.

Rhowch y cig yn ôl i mewn, ychwanegu'r cwrw, gorchuddio'r cyfan â'r stoc, dod ag o i'r berw, rhoi caead arno a'i roi yn y popty am 3 awr nes bod y cig yn dyner.

Tynnwch allan o'r popty a'i adael yn y ddysgl am awr nes ei fod wedi oeri digon i'w drin.

Yn y cyfamser, gwnewch y twmplenni. Cymysgwch y siwet, y briwsion bara, y blawd, y teim a'r halen mewn powlen a gwneud pydew yn y canol.

Chwisgiwch yr wyau, y llaeth a'r hufen rhuddygl at ei gilydd, eu harllwys i'r pydew a chymysgu i wneud toes meddal.

Rhannwch yn bedair twmplen, dewch â sosbennaid o ddŵr oer, hallt i'r berw, ychwanegu'r twmplenni a'u mudferwi am 10 munud nes bod eu maint wedi dyblu.

Pan fyddwch yn barod i weini, tynnwch y cig allan o'r saws. Rhowch y saws drwy ridyll mân a dod ag o'n ôl i'r berw. Rhowch y cig yn y saws os oes angen.

Rhowch y cig eidion mewn dysgl weini fawr, ychwanegu'r twmplenni a'u gweini efo moron wedi eu berwi. Arllwyswch y saws dros y cyfan.

ASENNAU BREISION PORC

DIGON I 4

3 asen fras (*spare rib*) 7 asgwrn
   bob un mewn un darn
pinsiad o halen
10 pupren
1 coesyn sinamon
2 seren anis (*star anise*)

Y MARINÂD

4 llwy fwrdd olew sesame
1 llwy fwrdd powdr pum sbeis
80ml saws soi
100g mêl
150g saws hoisin
sudd 2 leim
pinsiad o blu *chilli*
   (*chilli flakes*)

I ADDURNO

1 sialotsyn
10g cnau cashiw
1 leim

Cynheswch y popty i 160°C / 325°F / Nwy 3 pan fyddwch yn barod i goginio'r cig.

Rhowch yr asennau mewn sosban drom a'u gorchuddio efo dŵr oer. Ychwanegwch halen, y puprennau, y sinamon a'r sêr anis. Dewch â'r cyfan i'r berw, yna'i fudferwi am 20 munud. Tynnwch y sosban oddi ar y gwres a gadael nes bod yr asennau wedi oeri digon i'w trin.

Cymysgwch gynhwysion y marinâd efo'i gilydd mewn powlen fawr. Ychwanegwch yr asennau at y marinâd a'u gorchuddio'n llwyr.

Pan fyddan nhw'n ddigon oer, rhowch nhw yn yr oergell i fwydo dros nos.

Rhowch yr asennau ar hambwrdd pobi a'u rhoi yn y popty am 30–40 munud neu nes bod y cig yn llithro oddi ar yr asgwrn. Efallai y bydd angen brwsio rhagor o'r marinâd dros yr asennau tra eu bod yn coginio.

Pan fyddan nhw wedi coginio, torrwch yr asennau'n ddarnau unigol.

Addurnwch efo'r sialotsyn, y cnau a chwarteri leim.

STIW CIG OEN A BRESYCH COCH

DIGON I 4

Y STIW

2 wddf cig oen wedi eu torri'n
ddarnau 4cm

olew llysiau neu flodyn yr haul

1 nionyn wedi'i blicio a'i dorri

1 foronen wedi'i phlicio a'i
thorri

1 coesyn seleri wedi'i dorri

4 taten King Edward wedi eu
plicio a'u sleisio'n denau

5 deilen teim

1 litr stoc cyw iâr neu gig oen

halen a phupur

Y BAG SBEISYS

1 coesyn sinamon wedi ei falu

6 merywen (*juniper berries*)
wedi eu malu

3 chlof

2 seren anis (*star anise*)

Y BRESYCH COCH

1 fresychen goch wedi'i
thorri'n stribedi mân

50g siwgr brown meddal

250ml gwin port

250ml gwin coch

200g saim hwyaden
(neu 200ml olew llysiau os
ydych yn coginio i lysieuwyr)

1 nionyn wedi'i sleisio

4 afal wedi eu plicio, eu
chwarteru a'u sleisio ar draws

1 sbrigyn teim

1 ddeilen lawryf (*bay leaf*)

250g jeli cwrens coch

halen a phupur

Cynheswch y popty i 140°C / 275°F / Nwy 1.

Ychwanegwch halen a phupur at y cig oen. Cynheswch ddysgl caserol dros wres canolig, a phan fydd yn boeth, rhowch yr olew i mewn. Ffriwch y cig nes ei fod yn euraid drosto. Efallai y bydd angen rhannu'r cig i wneud hyn. Tynnwch y cig allan o'r olew a'i roi i'r naill ochr.

Trowch y gwres i lawr. Ychwanegwch y nionyn, y foronen a'r seleri at y ddysgl a'u coginio nes eu bod wedi carameleiddio. Rhowch y cig i mewn a thynnu'r ddysgl oddi ar y gwres.

Gorchuddiwch y cig efo haen o datws, rhoi halen a phupur drostyn nhw, ychwanegu haen arall o datws a gwneud yr un fath. Rhowch gnapyn o fenyn yma ac acw ar y tatws, sgeintio'r teim drostyn nhw ac arllwys y stoc dros y cyfan.

Rhowch yn y popty am 2 awr. O bryd i'w gilydd, arllwyswch y stoc sy'n codi rownd yr ochrau dros y tatws – bydd hyn yn rhoi sglein hyfryd iddyn nhw.

Y BRESYCH COCH

Dechreuwch baratoi'r rysáit 24 awr ymlaen llaw.

Cynheswch y sbeisys i gyd mewn sosban sych dros wres canolig a'u hysgwyd i ollwng eu sawr. Gadewch iddyn nhw oeri a'u lapio mewn darn o fwslin.

Rhowch y bresych, y siwgr a'r bag sbeisys mewn cynhwysydd ac arllwys y gwin port a'r gwin coch drostyn nhw. Gorchuddiwch a'i adael yn yr oergell dros nos.

Pan fyddwch yn barod i'w goginio, straeniwch y bresych a'r gwin a'u cadw ar wahân.

Mewn sosban drom, cynheswch y braster, ychwanegu'r nionyn, yr afalau a'r perlysiau a'u coginio heb ddangos lliw nes eu bod yn feddal. Ychwanegwch y bresych a'i goginio am 4–5 munud arall. Ychwanegwch y gwinoedd a dod â'r cyfan i'r berw. Trowch y gwres i lawr a choginio'r bresych nes bod yr hylif wedi anweddu.

Tynnwch oddi ar y gwres ac ychwanegu'r jeli cwrens coch, halen a phupur i flasu a gadael iddo oeri.

HAM WEDI'I ROSTIO A BLAGUR BROCOLI

DIGON I 4

2 goesgyn (*hock*) ham bach
1 nionyn wedi'i blicio a'i dorri
  yn ei hanner
1 foronen wedi'i phlicio a'i
  thorri yn ei hanner
1 coesyn seleri wedi'i dorri yn
  ei hanner
12 pupren
1 sbrigyn teim
4 ewin garlleg wedi'u plicio
8 coesyn blagur brocoli
olew rêp
sudd hanner lemon

AR GYFER Y SGLEIN

50g mwstard Seisnig
1 llwy fwrdd mêl
100g siwgr demerara
llond llaw o glofs

Golchwch yr ham o dan ddŵr oer y tap.

Rhowch y llysiau, y puprennau, y teim a'r garlleg mewn sosban fawr, rhoi'r ham ar eu pen a gorchuddio'r cyfan efo dŵr oer.

Dewch â'r cyfan i'r berw yna mudferwi am 3–4 awr, gan dynnu unrhyw ewyn sy'n codi i'r wyneb, nes bod yr ham yn dyner. Dylai'r asgwrn ddod allan o'r cig yn hawdd.

Tynnwch y sosban oddi ar y gwres a gadael iddi oeri digon i chi allu ei thrin.

Cynheswch y popty i 180ºC / 350ºF / Nwy 4. Tynnwch yr ham allan o'r hylif a thynnu'r croen oddi arno, gan ofalu cadw'r braster yn gyfan. Torrwch batrwm cris-croes ar y braster.

Cymysgwch y mwstard, y mêl a'r siwgr efo'i gilydd, gwasgaru'r gymysgedd dros yr ham a rhoi clofs yn y braster.

Rhowch mewn tun rhostio a'i roi yn y popty am 20 munud nes bod y sglein yn carameleiddio. Gadewch iddo oeri am bum munud cyn ei weini.

Coginiwch y brocoli mewn dŵr hallt nes ei fod yn barod. Trowch mewn olew rêp, sudd lemon a halen cyn ei weini.

ODETTE'S

Ar ôl i ni fod yn rhedeg Odette's am ychydig, penderfynodd Vince ei fod am werthu'r busnes. Wnes i ddim oedi am eiliad, na meddwl sut y byswn i'n gallu gwneud – mi gynigiais i ei brynu ar unwaith. Mewn llawer ffordd, dwi wedi bod yn lwcus ar hyd fy ngyrfa – bod yn y lle iawn ar yr adeg iawn a chyfarfod â'r bobl iawn. Ond dwi'n credu hefyd dy fod di'n gwneud dy lwc dy hun, ac os oes cyfle yn dod i dy ran di, y dylet ti ei gymryd o. Wedi dweud hynny, taswn i wedi eistedd i lawr a meddwl o ddifri am y peth, mae'n bosib na fyswn i wedi mentro.

Erbyn hyn, roedd hi'n 2008. Roedd y dyddiau da ar fin dod i ben, a'r dirwasgiad economaidd ar fin taro. Ond roedd fy ngreddf yn dweud wrtha i mai prynu Odette's oedd y peth iawn i'w wneud. Ro'n i wedi dechrau gwneud enw i fi fy hun, ac roedd hi'n bwysig i fi adeiladu ar hwnna drwy aros yn yr un lle. Ar ben hynny, ro'n i'n hoff iawn o Primrose Hill ac yn teimlo'n gartrefol iawn yn y busnes. Ro'n i wedi prynu fflat, felly mi godais i ail forgais ar hwnnw, a defnyddio pob ceiniog o'r cynilon oedd gen i i dalu Vince. Roedd y gêm yn newid – ro'n i wedi arfer â rhedeg cegin, ond rŵan, fi fyddai'n gyfrifol am bob peth.

Roedd trefniadau rheoli Odette's yn gorfod newid unwaith i mi gymryd drosodd. Pan oedd Vince yn berchen arno, roedd yn un o bump neu chwech o dai bwyta, efo tîm o bobl yn edrych ar ôl y cyfan. Fel *head chef*, fy nghyfrifoldeb i oedd y bwyd, a doedd dim rhaid i fi feddwl am ddim byd arall. Pan ddois i mewn i'r gwaith y bore Llun ar ôl cwblhau'r prynu, fi oedd yn gyfrifol am bob dim – os oedd bylb golau angen ei newid, fi oedd yn gorfod trefnu gosod un newydd – doedd neb ben draw'r ffôn i fi alw arnyn nhw i wneud hynny rŵan.

Felly roedd rhaid i fi ddysgu'n gyflym sut i redeg busnes yn ogystal â chegin. Roedd yr *overheads* yn uchel o dan yr hen drefn, gan fod angen llawer o staff i redeg y grŵp o dai bwyta. Es i ati i newid pethau o'r dechrau un. Y peth cynta wnes i oedd penderfynu cynnig bwyd dipyn rhatach, gan brisio pob eitem ar wahan, a rhoi mwy o ddewis i'r cwsmeriaid. O ganlyniad, roedd tipyn llai o arian yn dod i mewn ar y dechrau, ond am nad oedd gen i *overheads* mawr, roedd lefel yr elw'n aros tua'r un fath. Y dasg fawr oedd adeiladu ar beth oedd gen i, a defnyddio sylfaen gadarn y busnes i greu rhywbeth mwy llwyddiannus.

Fel efo unrhyw broffesiwn, mae cysylltiadau cryf rhwng pobl yn y byd coginio, a thros y blynyddoedd ro'n i wedi gweithio efo llawer o bobl ddigon amrywiol. Ro'n i'n gwybod pwy oedd yn dda, a phwy fyswn i'n gallu gweithio efo nhw. Roedd tîm da yn y gegin yn barod, ac yn raddol ro'n i'n gallu denu pobl eraill roedd gen i barch atyn nhw i ddod ata i i Odette's, a datblygu'r busnes i'r cyfeiriad ro'n i am fynd iddo. Roedd llawer o bobl yn meddwl mai fi oedd yn berchen y lle beth bynnag, felly roedd yn bwysig 'mod i'n cryfhau fy stamp i arno.

Roedd y tri phrif dŷ bwyta fues i'n gweithio ynddyn nhw'n pwysleisio agweddau gwahanol o goginio Ffrengig. O gael fy nghegin a fy musnes fy hun, ro'n i'n rhydd i ddethol a dewis yr elfennau oedd yn apelio ata i o bob un ohonyn nhw.

Prin fod angen dweud mai'r peth pwysicaf mewn unrhyw bryd bwyd ydi'r cynnyrch. Dim ots os mai ti ydi'r *chef* gorau yn y byd, os nad ydy'r cynhwysion yn dy gegin di'n ddigon da, waeth i ti heb â dechrau. Ers cyfres gyntaf *The Great British Menu*, ro'n i wedi pwysleisio dro ar ôl tro bod cynnyrch Cymru gyda'r gorau yn y byd, a bod angen i ni fod yn fwy balch o'r adnoddau oedd ganddon ni i gynhyrchu'r bwydydd gorau. Ro'n i'n awyddus i ddefnyddio cynnyrch Cymreig lle bynnag roedd hynny'n bosib, ac mae hynny'n dal yn wir yn fy nghegin i heddiw.

▲ Bwrdd y *chef* yn Odette's – gyda Jamie, yr *head chef*

Wedi dweud hynny, un peth wnaf i byth ei wneud ydi defnyddio cynnyrch dim ond am ei fod yn dod o Gymru. Mae'n rhaid iddo gyrraedd y safon uchaf, a diolch byth, mae mwy a mwy o gynhyrchwyr yng Nghymru wedi dod i ddeall nad ydi 'ocê' ddim yn ddigon da. Fel yn achos *chefs*, ddylai cynhyrchwyr bwyd ddim ymlacio. Os ydi cynhyrchwr yn ennill gwobr un flwyddyn, y flwyddyn ganlynol fe ddyle fo weithio'n galetach, a meddwl sut i wneud ei gynnyrch hyd yn oed yn well yn hytrach nag eistedd yn ôl a chymryd y clod.

Gan 'mod i'n canolbwyntio ar y cynnyrch ei hun, dydi'r bwyd sy'n cael ei goginio yn Odette's ddim yn *fussy*. Mae'n well gen i osod pedwar peth ar blât, a'r rheini wedi'u coginio'n berffaith, na saith peth wedi'u coginio'n weddol.

Ac mae golwg y plât yn bwysig hefyd. Mae hyn yn mynd yn ôl at fy nyddiau yn y becws yn Ninbych ers talwm, ac Alwyn yn fy ngyrru allan o'r siop ac ar draws y ffordd i edrych ar y ffenest, gan bwysleisio bod ffenest ddeniadol yn mynd i dynnu pobl i mewn. Y peth gwaetha i fi ydi gweld rhywun yn coginio pryd rhagorol o fwyd ac yna'n ei osod rywsut rywsut ar y plât. Mae'n rhaid i'r plât gael *focal point* – y canolbwynt hwnnw sy'n denu'r llygad. Os oes gormod o wahanol bethau yn cystadlu efo'i gilydd, does dim byd yn sefyll allan. Rhaid i'r platiad sy'n cael ei osod o flaen y cwsmer wneud argraff dda cyn i rywun hyd yn oed feddwl am godi ei gyllell a'i fforc. Erbyn hyn, dwi'n gallu dweud pan fydd platiad yn edrych yn iawn – does yna ddim fformiwla, a fedra i ddim diffinio mewn geiriau beth sydd ei angen, ond mae fy ngreddf a fy llygaid yn medru gweld os ydi'r bwyd yn disgyn yn iawn ar y plât.

Ar ben hyn hefyd, mae'r ffordd o feddwl y dois i ar ei draws yn Nice yn un dwi'n parhau i'w dilyn, sef bod gwneud bwyd yn fwy na rhywbeth technegol – mae'n ffordd o fyw. Mae awyrgylch a naws yn hollbwysig. Lle eitha bach ydi Odette's, ac mae'n perthyn i'r gymdogaeth. Ro'n i isio i bobl deimlo'n braf yn dod aton ni i fwyta, a chael profiad pleserus yn ystod eu hymweliad. Hefyd, er ein bod ni yng nghanol Llundain, ro'n i isio gwneud yn siŵr bod teimlad Cymreig i'r lle. Mae dylanwad Cymreig ar y fwydlen, a sawl twist ar fwydydd traddodiadol yn ymddangos yn rheolaidd, a hefyd mae'r arwyddion i gyd yn Gymraeg – dydy o'n gwneud dim drwg i bobl Llundain wybod mai 'Dynion' dydi 'Gents'.

NID DA LLE GELLIR GWELL

Dydw i ddim yn un sy'n edrych yn ôl fel arfer – y dyfodol a'i bosibiliadau sy'n bwysig i fi. Ond pan dwi'n meddwl heddiw am fy mhenderfyniad i brynu Odette's yn 2008, dwi'n sylweddoli gymaint o risg oedd yr holl fenter ar y pryd. Roedd Vince yn ddyn busnes profiadol, ac yn gweld sut roedd y gwynt economaidd yn chwythu. Pwy yn ei iawn bwyll fyddai'n buddsoddi mewn tŷ bwyta jest wrth i bobl fod â llai o arian i'w wario ar fwyta allan? Ond ar ôl rhai blynyddoedd o redeg y lle'n llwyddiannus, dwi wedi profi bod fy ngreddf i'n iawn.

Erbyn hyn, mae'r pwysau sy arna i'n wahanol. Ar y dechrau, ro'n i'n cychwyn y busnes ac yn gweithio'n galed i adeiladu enw da i ddenu pobl. Bellach, mae pobl yn teithio'n arbennig i Lundain i fwyta yn Odette's – maen nhw wedi clywed amdanon ni ac mae ganddyn nhw ddisgwyliadau uchel. Rheoli a bodloni'r disgwyliadau yna ydi'n gwaith ni rŵan, a chynnal y safon ym mhob elfen o'r gwaith.

Ar ôl dod o hyd i fformiwla sy'n gweithio, mae rhai tai bwyta'n glynu at yr un fwydlen am flynyddoedd. Nid dyna sut dwi'n gwneud pethau. Dwi'n chwilio am fwydydd newydd ac am gyfuniadau sy'n gweithio drwy'r amser, ac yn anelu at wella bob dydd. Dwi byth yn hapus ac yn fodlon efo beth sydd gen i – dwi bob amser isio gwella.

Wrth gynllunio'r fwydlen, dwi'n edrych ar fwydydd yn eu tymor – er enghraifft, dros y gaeaf byddwn ni'n cynnig ffesant, ond bydd hwnna'n dod oddi ar y fwydlen tua diwedd mis Ionawr wrth i'r tymor ddod i ben. Fel arfer, y cig a'r pysgod sy'n arwain y dewis, er bod llysiau hefyd yn gallu bod yn ganolog. Ar ôl penderfynu ar y brif elfen mewn unrhyw bryd, mae angen meddwl beth sy'n cyd-fynd ag o. Mae 'na reswm pam mae cogyddion wedi bod yn rhoi cyfuniadau arbennig o fwyd at ei gilydd ers canrifoedd – yn syml iawn, maen nhw'n gweithio. Dwi'n gredwr cryf mewn parchu bwyd clasurol ac adeiladu ar draddodiad, felly dwi'n hapus i weini oren efo hwyaden, er enghraifft, ond beth fydda i'n ei wneud wedyn ydi ceisio rhoi *twist* i'r cyfuniad, efallai drwy ddefnyddio orenau coch (*blood oranges*) – sy ddim ond ar gael yn ystod y gwanwyn, ac sydd â blas arbennig iawn. Enghraifft arall ydi mecryll, sydd angen blas cryf i dorri drwy'r braster wrth ei weini – mae finegr yn cael ei ddefnyddio'n aml. I ddilyn yr egwyddor o ychwanegu *twist* personol, dwi'n gweini mecryll efo rhiwbob – mae'n annisgwyl, ond mae'r ddau flas yn cyd-fynd yn ardderchog, ac mae'n gweithio.

Er mai fi sy'n gyfrifol am bob dim yn Odette's yn y pen draw, dwi hefyd yn awyddus iawn i bawb chwarae ei ran a chael cyfle i gyfrannu. Yn y gegin, mae bwrdd gwyn mawr ar y wal. Ar ganol y bwrdd, bydda i'n sgwennu prif elfen y pryd – cyw iâr neu gig oen er enghraifft. Wedyn mae pawb yn rhydd i sgwennu o gwmpas hwn a chynnig pethau i fynd efo'r cig, gan gofio beth sydd yn ei dymor. Dwi'n gwneud hyn am sawl rheswm. Yn un peth, mae'n help i fi i gadw fy syniadau'n ffres. Os bydd rhywun yn cynnig rhywbeth annisgwyl, mae hynna'n gallu fy ngyrru i gyfeiriad gwahanol ac arbrofi gyda chynhwysion. Ond hefyd, yr un mor bwysig, mae'n cynnig cyfle i bawb yn y gegin gyfrannu. Nid pawb sy â diddordeb yn yr elfen hon o'r gwaith, ond mae croeso i unrhyw un, hyd yn oed yr aelod staff ieuengaf a lleia profiadol, roi cynnig arni, a dwi'n edrych ar bopeth sy'n cael ei sgwennu ar y bwrdd ac yn ei ystyried. Weithiau, bydd hyd at ugain o gynigion, ac o blith y rheiny, bydda i, yr *head chef* a'r *sous chef* yn dewis tri chynhwysyn, neu bedwar ar y mwyaf, i greu'r pryd. Wrth gwrs, mae rhai pethau'n datblygu'n ffefrynnau sy'n cael eu hailgylchu bob blwyddyn, ond gwella arnyn nhw bob tro ydi'r nod.

Os ydyn ni'n creu saig newydd, nid dim ond mater o feddwl amdani a mynd ati i'w gweini i'r cyhoedd yn syth bin ydi o. Mae'n rhaid gweithio ar y saig i'w chael yn iawn, sy'n gallu cymryd hyd at fis. Byddwn ni'n ei goginio i ni'n hunain ac yn ei fireinio'n raddol. Weithiau, bydd gen i fy amheuon am ryw gyfuniad neu'r ffordd mae rhywbeth yn cael ei weini, ond yn methu rhoi fy mys ar union beth sydd o'i le. Ar yr adegau hynny, dwi'n cadw fy amheuon i mi fy hun a choginio'r bwyd i'r rheolwr i weld a ydi o'n sylwi ar yr un pethau. Ond ambell waith, fi sy'n gorfeddwl, ac os ydw i'n gadael iddo fod am ddiwrnod neu ddau ac yna mynd yn ôl ato, dwi'n gweld ei fod yn iawn. Bryd hynny, fedra i roi'r 'ocê' terfynol iddo.

Mae dau neu dri pherson yn gyfrifol am bob prif gwrs, ac am bopeth sy'n mynd ar y plât. Mae pob un yn gyfrifol am wahanol elfen o'r pryd, a dwi wastad yn esbonio i bawb bod pob elfen unigol yr un mor bwysig â'i gilydd. Mae rhai'n tueddu i feddwl ei bod hi'n anoddach coginio cig yn dda a bod hynny'n gofyn am fwy o allu. Ond beth ydi pwynt cael darn perffaith o gig os nad ydi'r llysiau sy'n mynd efo fo'n berffaith hefyd? Yr unig reswm mae cogydd yn dechrau drwy weithio ar y llysiau ydi cost – dim byd i wneud efo safon, neu pa mor anodd ydi'r gwaith. Os ydi o'n gorgoginio sosbaned o datws, fedrwch chi eu taflu i ffwrdd, ac ond ychydig geiniogau rydych chi'n eu colli, ond os oes rhaid i chi daflu stêc i ffwrdd, wel, dyna chwe phunt yn y bin.

Dwi bob amser wrth fy modd yn gweld plât yn cael ei osod o flaen cwsmer, a hwnnw'n edmygu golwg y bwyd cyn mynd ati i fwyta'r pryd a chael boddhad o bob elfen. Dyna ni, *nailed it*! A 'nôl â ni i weld fedrwn ni ei wella tro nesa …

PWDINAU

GWSBERIS HUFENNOG A THEISEN FRAU

DIGON I 4
600g gwsberis
100ml cordial blodau'r ysgaw
   (gweler tudalen 109)
sudd a chroen 1 leim
400ml hufen dwbl
50g siwgr eisin
100ml iogwrt

TEISEN FRAU
250g blawd
pinsiad o halen
100g siwgr
220g menyn
1 melynwy

Rhowch y gwsberis mewn sosban efo'r cordial a sudd y leim. Dewch â nhw i bwynt mudferwi a'u coginio nes bod y ffrwyth yn feddal ond ddim yn slwtsh. Bydd yn cymryd 4–7 munud. Rhowch i'r naill ochr i oeri.

Chwisgiwch yr hufen mewn powlen fawr efo'r siwgr eisin nes iddo ffurfio pigau meddal. Plygwch yr iogwrt i mewn. Rhowch i'r naill ochr.

I weini: rhannwch gymysgedd y gwsberis rhwng pedwar gwydr pwdin, a rhoi'r hufen ar eu pen. Sgeintiwch groen y leim wedi'i gratio dros y cyfan.

Gweinwch efo teisen frau (*shortbread*).

TEISEN FRAU
Cynheswch y popty i 180ºC / 350ºF / Nwy 4.

Rhidyllwch y blawd a'r halen ar arwyneb gwaith glân a gwneud pydew yn y canol.

Rhowch y siwgr a'r menyn yn y pydew a defnyddio'ch bysedd i dynnu'r blawd i mewn i'w gymysgu efo'r menyn.

Pan fydd y blawd i gyd i mewn, ychwanegwch y melynwy a dod â'r toes at ei gilydd mewn pelen.

Lapiwch mewn *clingfilm* a'i roi yn yr oergell am 2 awr.

Rholiwch y toes i drwch o 5mm a'i dorri'n stribedi 8cm x 2cm o hyd Rhowch y stribedi ar hambwrdd pobi, sgeintiwch siwgr drostyn nhw a'u pobi am 12–15 munud neu nes eu bod wedi troi'n lliw tywod.

Gadewch iddyn nhw oeri ar yr hambwrdd am dipyn bach cyn i chi eu symud i rac weiren i orffen oeri.

MOUSSE SIOCLED A GELLYG

DIGON I 4

Y BRIWSION SIOCLED

60g siwgr caster

60g powdr almon
  (*ground almonds*)

35g blawd

25g powdr coco

1g halen

30g menyn wedi'i doddi

Y *MOUSSE*

100g siocled â lefel goco 64%

3 melynwy

60g siwgr caster

175ml hufen dwbl

4 gellygen aeddfed

siwgr eisin

I wneud y briwsion siocled: cynheswch y popty i 160°C / 325°F / Nwy 3. Cymysgwch y cynhwysion sych ac arllwys y menyn drostyn nhw. Rhwbiwch y gymysgedd drwy'ch bysedd fel tasech chi'n gwneud crymbl. Gwasgarwch dros fat silicon (*silpat*) ar hambwrdd pobi a'i roi yn y popty am 15 munud.

Toddwch y siocled mewn powlen dros sosbennaid o ddŵr sy'n mudferwi gan wneud yn siŵr nad ydi'r bowlen yn cyffwrdd â'r dŵr. Ceisiwch gadw'r siocled yn gynnes ond ddim yn boeth.

Chwisgiwch y melynwyau a'r siwgr efo'i gilydd nes iddyn nhw ddyblu mewn maint. Bydd hyn yn gwneud eich *mousse* yn ysgafn.

Chwisgiwch yr hufen mewn powlen arall nes iddo ffurfio pigau meddal.

Plygwch y siocled cynnes i mewn i'r melynwyau wedi eu chwisgio, gan wneud yn siŵr eich bod wedi troi'r siocled i mewn ond yn ceisio cadw'r gymysgedd mor ysgafn â phosibl.

Trowch yr hufen i mewn yn ofalus. Rhowch i'r naill ochr, ond nid yn yr oergell, achos bydd hyn yn gwneud y *mousse* yn oer ac yn drwm.

Pliciwch y gellyg a'u torri yn eu hanner ar eu hyd. Sgeintiwch efo siwgr eisin, yna defnyddio chwythlamp (*blowtorch*) i'w brownio.

I weini: rhowch lwyaid o'r *mousse* ar blât, sgeintio briwsion siocled drosto, a gosod y darnau gellyg wrth ymyl y *mousse* tra eu bod yn dal yn gynnes.

TARTEN EIRIN AC ALMON

Y JAM EIRIN

1kg eirin wedi eu haneru a'r
   cerrig wedi eu tynnu
900g siwgr caster
sudd 1 lemon
pinsiad o bowdr sinsir

Y CRWST

225g blawd plaen
140g menyn dihalen oer
pinsiad o halen
75g siwgr
2 wy
1 wy wedi'i guro'n ysgafn ar
   gyfer brwsio

Y *FRANGIPANE*

200g menyn dihalen
200g siwgr caster
3 wy
200g powdr almon
   (*ground almonds*)
10g blawd
1 llwy fwrdd dda jam bricyll
   (*apricot*) i sgleinio

llond llaw o blu almon
   (*almond flakes*)
250g jam eirin

Bydd angen tun tarten 23cm
   â gwaelod rhydd wedi ei
   iro'n ysgafn

Cynheswch y popty i 180°C / 350°F / Nwy 4 pan fyddwch chi'n barod i goginio'r darten.

Rhowch gynhwysion y jam mewn sosban fawr a'u cymysgu'n dda. Gadewch iddyn nhw sefyll am 30 munud er mwyn i'r sudd ddod allan. Bydd hyn yn golygu na fydd angen ychwanegu dŵr er mwyn eu coginio.

Rhowch y sosban dros wres canolig a throi'n ofalus wrth i'r sudd ddod allan. Ar ôl 2–3 munud, trowch y gwres i fyny'n uchel a chrafu unrhyw siwgr sydd ar ochrau'r sosban yn ôl i mewn i'r gymysgedd.

Berwch yn gyflym am 4–5 munud, gan droi'r jam o bryd i'w gilydd i'w stopio rhag llosgi yn y gwaelod.

Pan fydd y gymysgedd wedi cyrraedd 105–107°C, neu pan fydd yn dechrau setio, tynnwch oddi ar y gwres a'i rhoi i'r naill ochr.

I wneud y crwst: cymysgwch y blawd, y menyn, yr halen a'r siwgr mewn powlen fawr. Ychwanegwch yr wyau a dod â'r cyfan at ei gilydd yn gyflym. Tynnwch o'r bowlen, ei roi mewn clingfilm a'i gadw yn yr oergell am 4 awr cyn ei ddefnyddio.

Ar arwyneb glân wedi'i sgeintio â blawd, rholiwch y crwst allan i drwch o tua 5mm. Leiniwch y tun efo'r crwst yn ofalus. Gadewch unrhyw rannau o'r crwst sy'n hongian dros ymyl y tun – bydd yn helpu'r darten i gadw ei siâp a gallwch eu torri wedyn. Rhowch y crwst yn ôl yn yr oergell am 40 munud.

Leiniwch y crwst â phapur gwrthsaim a ffa pobi a'i bobi am 20 munud. Tynnwch y papur a'r ffa pobi allan a rhoi'r crwst yn ôl yn y popty am 5–7 munud nes ei fod yn euraid.

Tynnwch o'r popty a'i frwsio efo'r wy wedi'i guro tra ei fod yn boeth. Bydd hyn yn helpu i'w selio.

Trowch y popty i lawr i 160°C / 325°F / Nwy 3.

I wneud y *frangipane*: hufennwch y menyn a'r siwgr efo'i gilydd mewn powlen fawr nes eu bod yn olau. Ychwanegwch yr wyau fesul un efo ychydig bowdr almon a blawd i gydbwyso'r gymysgedd ac arbed iddi wahanu. Ychwanegwch weddill yr almon a'r blawd nes bod y gymysgedd yn esmwyth, a'i rhoi i'r naill ochr.

Gwasgarwch y jam eirin dros grwst y darten, yna llenwi'r crwst â'r *frangipane* hyd at dri-chwarter ffordd. Sgeintiwch y plu almon drosto.

Rhowch y darten yn y popty am 40 munud neu nes ei bod yn barod. Tynnwch o'r popty a gadael iddi oeri ychydig. Dyma'r amser i dorri unrhyw ddarnau sy'n dal i ddod dros yr ochrau.

Toddwch y jam bricyll yn ofalus mewn sosban dros wres isel. Tra bod y darten yn dal yn gynnes, brwsiwch y jam drosti i roi sglein hyfryd iddi.

I weini, trowch y darten allan ar blât. Mae ar ei gorau ar dymheredd yr ystafell.

TARTEN DRIOG

CYMYSGEDD Y TRIOG
140g briwsion bara soda
90g powdr almon
(*ground almonds*)
400g sirop aur
225g hufen dwbl
2 wy

Y CRWST
225g blawd plaen
140g menyn dihalen oer
pinsiad o halen
75g siwgr
2 wy
1 wy wedi'i guro'n ysgafn ar
gyfer brwsio

Cynheswch y popty i 180°C / 350°F / Nwy 4 pan fyddwch chi'n barod i goginio'r darten.

Rhowch y briwsion bara a'r powdr almon mewn prosesydd bwyd. Cymysgwch y sirop, yr hufen a'r wyau efo'i gilydd, eu harllwys dros y cynhwysion sych a'u cymysgu am 1–2 funud nes bod y gymysgedd yn esmwyth, yna ei rhoi yn yr oergell am 24 awr cyn ei defnyddio.

I wneud y crwst: cymysgwch y blawd, y menyn, yr halen a'r siwgr mewn powlen fawr. Ychwanegwch yr wyau a dod â'r cyfan at ei gilydd yn gyflym. Tynnwch o'r bowlen, ei roi mewn clingfilm a'i gadw yn yr oergell am 4 awr cyn ei ddefnyddio.

Ar arwyneb glân wedi'i sgeintio â blawd, rholiwch y crwst allan i drwch o tua 5mm. Leiniwch y tun efo'r crwst yn ofalus. Gadewch unrhyw rannau o'r crwst sy'n hongian dros ymyl y tun – bydd yn helpu'r darten i gadw ei siâp a gallwch eu torri wedyn. Rhowch y crwst yn ôl yn yr oergell am 40 munud.

Leiniwch y crwst â phapur gwrthsaim a ffa pobi a'i bobi am 20 munud. Tynnwch y papur a'r ffa pobi allan a rhoi'r crwst yn ôl yn y popty am 5–7 munud nes ei fod yn euraid.

Tynnwch o'r popty a'i frwsio â'r wy wedi'i guro tra ei fod yn boeth. Bydd hyn yn helpu i'w selio.

Trowch y popty i lawr i 160°C / 325°F / Nwy 3.

Llenwch y crwst â'r gymysgedd driog a choginio'r darten am 30–40 munud. Tynnwch o'r popty a gadael iddi oeri ychydig. Dyma'r amser i dorri unrhyw ddarnau sy'n dal i ddod dros yr ochrau.

Gweinwch efo hufen trwchus.

PAFLOFA MAFON A CHEULED LEMON

DIGON I 4

Y CEULED LEMON
   (*lemon curd*)
sudd 4 lemon
100g menyn dihalen wedi'i
   dorri'n giwbiau
300g siwgr
4 wy wedi'u curo

Y *MERINGUE*
4 gwynnwy
200g siwgr caster

I ORFFEN
150g mafon
200ml hufen dwbl
10g siwgr eisin
ceuled lemon

Toddwch y sudd lemon, y menyn a'r siwgr mewn powlen wrth-wres dros sosbennaid o ddŵr sy prin yn mudferwi, gan wneud yn siŵr nad ydi'r bowlen yn cyffwrdd â'r dŵr.

Trowch nes bod y menyn a'r siwgr wedi toddi. Ychwanegwch yr wyau a choginio'n ofalus gan chwisgio'r gymysgedd o bryd i'w gilydd nes ei bod yn twchu. Dylai adael haen ar gefn llwy.

Rhowch y ceuled mewn jariau glân tra ei fod yn gynnes a gadael iddo oeri cyn ei storio. Bydd yn cadw am hyd at fis yn yr oergell.

Y *MERINGUE*
Cynheswch y popty i 100ºC / 225ºF / Nwy ¼.

Rhowch y gwynwyau mewn powlen a'u chwisgio efo chwisg drydan. Ychwanegwch y siwgr fesul tipyn a chwisgio nes bod yr wyau'n gadael cynffon pan fyddwch yn codi'r chwisg allan.

Defnyddiwch gyllell baled neu sbatiwla i daenu'r *meringue* i drwch o tua 1.5cm dros hambwrdd pobi wedi'i leinio.

Rhowch yr hambwrdd yn y popty a phobi'r *meringue* am 3 awr nes ei fod wedi coginio.

Pan fydd wedi oeri, torrwch yn ddarnau gweddol o faint.

I ORFFEN
Chwisgiwch yr hufen a'r siwgr eisin i bigau meddal. Rhowch ddarnau *meringue* ar bob plât, ychwanegu mafon ac ychydig geuled lemon, wedyn rhagor o'r *meringue* ar ei ben a gwneud haen arall. Gwnewch hyn yn daclus gan mai dyma'r haen fydd yn dangos.

CRÈME BRÛLÉE FANILA

DIGON I 4
400ml hufen dwbl
100ml llaeth
1 goden fanila heb yr hadau
8 melynwy
75g siwgr caster

Cynheswch y popty i 120°C / 250°F / Nwy ½.

Rhowch yr hufen, y llaeth a'r goden fanila mewn sosban a dod â nhw i'r berw. Tynnwch oddi ar y gwres.

Chwisgiwch y melynwyau a'r siwgr nes eu bod yn olau, yna arllwys yr hufen berwedig i mewn, ei gymysgu'n dda, arllwys y cyfan drwy ridyll mân a'i rannu rhwng pedwar ramecin.

Rhowch y ramecins mewn tun pobi, ac arllwys dŵr poeth i fyny at eu hanner – bydd hyn yn coginio'r gymysgedd yn wastad.

Pobwch am 40–50 munud yna eu gadael i oeri.

Pan fyddan nhw wedi oeri, sgeintiwch siwgr drostyn nhw a defnyddio chwythlamp (*blowtorch*) i'w carameleiddio.

Gweinwch pan fo'r caramel yn oer.

MWYNHAU BYWYD

Mae'r diwydiant coginio wedi newid yn aruthrol ers fy nyddiau cyntaf i yn Llundain. Yn un peth, mae'r oriau hir a'r dyddiau maith yn y gegin wedi hen fynd. Mae hogiau a genethod heddiw yn cwyno am y pwysau gwaith, a'u bod nhw wedi blino, ond er 'mod i'n swnio fel hen ddyn blin yn dweud hyn, wir, does ganddyn nhw ddim syniad sut oedd hi pan o'n i'n dechrau. Erbyn heddiw, mae llawer mwy o lefydd da i weithio ynddyn nhw – mae'r holl bobl gafodd eu hyfforddi mor drwyadl yn yr un bwytai â fi dros y blynyddoedd wedi symud ymlaen ac agor eu llefydd eu hunain. Felly dydi'r gystadleuaeth ddim mor chwyrn. Roedd angen rhyw gryfder meddwl ac ystyfnigrwydd arbennig ar unrhyw un oedd am hyfforddi i fod yn gogydd bryd hynny, heb sôn am gryfder corfforol.

Ar un olwg, mi gollais i flynyddoedd fy ieuenctid mewn cwmwl o stêm a phadelli o ddŵr berwedig. Roedd symud o sir Ddinbych i Lundain a byw mewn *bedsit* digon llwm heb ddigon o bres, ar ben treulio naw mlynedd heb weld fawr ddim ar fy ffrindiau, yn anodd.

Do, mi gollais i lawer – priodasau, partïon, gwyliau a hwyl – ond os wyt ti'n benderfynol o lwyddo, mae'n rhaid i ti aberthu. Dwi'n cofio un tro, pan o'n i'n gweithio yn Le Gavroche, mi ges i benwythnos i ffwrdd i fynd i Gaerdydd i weld Cymru'n chwarae rygbi. Ro'n i wedi trefnu gweld fy mêts yno, ac roedd noson fawr o'n blaenau. Wel, mi ges i beint neu ddau, a gan fod cyn lleied o egni gen i a 'mod i mor flinedig, mi syrthiais i gysgu yn y steshon, a chyrraedd yn ôl yn Llundain heb weld yr un o'r hogiau – heb sôn am y gêm – drwy'r penwythnos.

Mae bod yn barod i aberthu yn rhywbeth fydda i'n trio'i bwysleisio i'r hogiau a'r genethod ifanc sy'n gweithio i fi. Meddyliwch am Wayne Rooney, Leigh Halfpenny neu David Beckham. Pam mae pobl fel hyn yn llwyddiannus? Nid jest am eu bod nhw isio bod yn dda, ond am eu bod nhw'n fodlon gweithio arno. Falle nad David Beckham oedd ciciwr gorau'r byd, ond fo oedd yr un oedd yn ymarfer am oriau ar ôl i bawb arall fynd adre. Os oes gan Leigh Halfpenny gêm fawr ar ddydd Sadwrn, yn ei wely fydd o nos Wener, nid yn y dafarn efo'r bois. Pobl fel hyn sy'n cael eu hedmygu am ddal ati, a nhw ydi'r rhai sy'n cael eu cofio.

Roedd yr wyth neu naw mlynedd cyntaf yn Llundain yn anodd, ond ymhen amser, mi drois i'r gornel. Wrth i bethau ddechrau dod yn haws, mi brynais i gar newydd. Dwi wrth fy modd efo ceir cyflym, ac roedd hwn yn rhywbeth o'n i wedi bod isio'i wneud ers yn hir. Es i adre un penwythnos, a synhwyro bod nifer o bobl yn synnu o 'ngweld i yn y fath fodur, ond dyma un o fy ffrindiau gorau'n eu hatgoffa am y cyfnod pan oedd pawb yn meddwl 'mod i'n sâl neu ar gyffuriau – yn rhy flinedig i fynd allan efo nhw, ac yn denau fel llinyn. Bryd hynny, cocyn hitio oeddwn i, a phawb yn cymryd y *mick*, ond erbyn hyn, roedd yr holl waith wedi talu ffordd.

Ambell waith, dwi'n dal i binsio fy hun wrth gerdded i mewn i Odette's. Sut mae hogyn o Ddinbych wedi llwyddo i gael busnes fel hwn yng nghanol Llundain? Mae'r ateb yn ddigon hawdd mewn gwirionedd – gwaith, uchelgais a phenderfyniad. Mae'n rhaid i mi fod yn brysur, ac unwaith rwyt ti'n dechrau ar y daith o redeg tŷ bwyta a gweithio saith diwrnod yr wythnos, mae'n anodd iawn stopio'r trên.

Dwi'n dal i weithio oriau hir, ac yn teimlo pwysau mawr i gynnal y safon. Fel arfer, dwi'n cyrraedd Odette's am saith neu wyth y bore, a'r peth cyntaf fydda i'n ei wneud bob dydd ydi gwisgo fy *whites*, y dillad coginio. Mae hyn yn bwysig iawn i fi, ac yn dangos 'mod i'n broffesiynol ac o ddifri am y gwaith. Dwi'n treulio rhai oriau ar y gwaith paratoi yn y gegin yn y bore, ac wedyn yn mynd i'r swyddfa am awr neu ddwy i ddal i fyny efo gwaith papur cyn mynd yn ôl i'r gegin am weddill y dydd.

Cantores ydi fy nghariad i, Sharleen, ac mae hi'n teithio i ffwrdd llawer efo'i band, Texas. Dydw i ddim yn un i eistedd adre ar ben fy hun, felly beth arall faswn i'n ei wneud ond aros yn y gwaith? Ar un adeg, gwaith oedd pob dim i fi. Y gwahaniaeth erbyn hyn ydi fod gen i'r dewis. Does dim rhaid i fi fod yna drwy'r amser, a dwi'n gallu mwynhau pethau eraill mewn bywyd. Dwi wedi dysgu ymlacio pan dwi allan o'r *whites* hefyd. Yn y gegin, dwi'n gorfod bod *in control*, efo disgyblaeth gadarn. Adre, dwi'n llawer mwy *chilled*, ac yn gallu gadael i bobl eraill wneud pethau. Does dim yn well gen i na mynd allan am bryd o fwyd efo Sharleen a Misty ei merch, a gadael i Misty ddewis bwyd i fi, heb orfod poeni amdano.

Dwi wrth fy modd efo rygbi, a dwi wedi dod ffordd bell ers y penwythnos hwnnw pan gysgais i yn y steshon a cholli'r gêm. Rŵan, dwi'n gwneud yn siŵr 'mod i'n mynd i bob gêm ryngwladol Cymru, ac yn well fyth, dwi'n gallu croesawu'r chwaraewyr i Odette's. Ar ôl y *Grand Slam* diwetha, daeth y criw i gyd yna i ddathlu – heb os, hwnna oedd un o uchafbwyntiau fy ngyrfa i. Mae coginio i dîm Cymru'n ddeg gwaith gwell na choginio i'r Frenhines.

Dwi hefyd yn cael fy ngwahodd i goginio mewn gwahanol lefydd i wahanol bobl, a nifer o'r rhain yn gysylltiedig â chwaraeon – yn Stadiwm y Mileniwm yng Nghaerdydd y noson cyn rownd derfynol Cwpan Heineken, er enghraifft, neu yn y bwyty yng Nghae Rasio Goodwood. Un o'r rhai mwyaf *bizarre* oedd cael fy hedfan mewn awyren breifat i wneud arddangosfa goginio mewn gwesty pum seren yn Iwerddon i bobl oedd yno'n chwarae golff.

Un o'r bwydydd mwyaf poblogaidd yn Odette's ydi'r Jaffa Cake. Mae pawb yn cofio bwyta Jaffa Cakes yn blant – rhai pobl yn pigo'r siocled oddi arnyn nhw ac eraill yn brathu drwy'r cwbl yr un pryd. Wrth greu pwdin un tro, roedd gen i lond lle o siocled oedd angen ei ddefnyddio, a ches i'r syniad o seilio rhywbeth ar yr hen ffefryn. Es i ati i ail-greu'r blas a'r profiad ar y plât, a dydi'r Jaffa Cake ddim wedi bod oddi ar y fwydlen ers hynny – fyddai'r cwsmeriaid ddim yn gadael i ni ei dynnu o 'na. Felly pan ddaeth cyfle i gyfrannu at y British Masters Dinner yn Los Angeles, doedd dim dewis ond mynd â'r hen ffefryn i ochr draw'r byd.

Gorau Cymro, Cymro oddi cartref medden nhw. Wn i ddim am hynny – dydi cadw'r iaith yn Llundain ddim yn hawdd, ac mae llawer o bobl yn methu. Mae'n bosib y gallai hynny fod wedi digwydd i fi, nes i fi sylweddoli pa mor bwysig ydi bod yn Gymro i mi. Mae cael fy nhgyfresi fy hun ar S4C wedi bod yn wych yn hynny o beth – mae fy Nghymraeg yn llawer sicrach erbyn hyn.

Mae byw yn Llundain yn gallu codi hiraeth, hyd yn oed heddiw, ond mae bod adre yng nghanol fy nheulu a'r bobl sy'n fy nabod i'n rhoi nerth i fi. Am rai blynyddoedd, do'n i ddim yn cael llawer o gyfle i ddod yn ôl i Ddinbych gan fod y gwaith yn llyncu fy amser i gyd, ond roedd gwybod bod y teulu yno'n gefn i mi yn bwysig dros ben. Falle fod Mam wedi crio'r holl ffordd adre pan adawodd hi a Dad fi yn y *bedsit* yn Llundain flynyddoedd yn ôl, ond roedd gan y ddau ohonyn nhw ffydd ynof i, ac ro'n nhw'n gwybod 'mod i'n benderfynol o lwyddo.

Rydan ni'n deulu mawr, ac anaml mae cyfle i bawb ddod at ei gilydd, ond mae un achlysur bob blwyddyn lle mae pob un yn gwneud ymdrech i fod yn Ninbych, sef pen-blwydd Nain. Bob mis Mehefin, mae gwahanol aelodau o'r teulu'n paratoi bwyd i ddod efo nhw a 'dan ni'n cael picnic mawr efo'n gilydd. Gan fod gan Nain saith o blant, sef Dad, ei frawd a'u pum chwaer, a bod plant ac wyrion ganddyn nhw i gyd hefyd, 'dan ni'n dipyn o growd.

Un flwyddyn, aethon ni i barc lleol a gosod y bwyd i gyd ar fyrddau i bawb helpu eu hunain. Sylwodd fy ewythr fod 'na deulu o Americanwyr wedi ymuno â'r ciw am y bwyd. Ar ôl llenwi eu platiau, holon nhw lle ddylen nhw dalu. Chwerthin wnaeth Dad, a'u gwahodd nhw i ymuno yn y dathlu.

Roedd 2014 yn flwyddyn bwysig, a Nain yn 99 oed. Am newid, mi gynigiais i wneud *hog roast* i bawb ar y fferm, felly doedd dim angen i neb ddod â dim byd. Daeth dros hanner cant ohonon ni yno, pedair cenhedlaeth o'r teulu'n mwynhau'r dathlu. Roedd fy nghefnder wedi dweud y byse fo'n trefnu pwdin i bawb. Wrth i'r parti fynd yn ei flaen, doedd dim golwg o'r pwdin yn unman nes i ni glywed cerddoriaeth gyfarwydd yn dod i fyny'r lôn – roedd o wedi trefnu fan hufen iâ, a chafodd pawb 99 i ddathlu pen-blwydd Nain yn 99.

CYMRU FACH

Mewn cegin brysur, does dim lle i fod yn sentimental. Mae'r un peth yn wir am redeg busnes. Mae'r byd dwi'n gweithio ynddo'n un cystadleuol a chaled, ac ar ôl bod yn y diwydiant cyhyd, mae hynny wedi ffurfio fy nghymeriad. Disgyblaeth, safon, cysondeb. Dyna'r mantras. Ond mae un agwedd o 'mywyd i sy'n mynd yn syth at y galon, ac yn deffro ryw angerdd ynof i na fedra i roi geiriau iddo.

Dwi bron iawn wedi byw yn Llundain am yn hirach nac yng Nghymru erbyn hyn, ond dim ots pa mor hir fydda i yno, hogyn o Ddyffryn Clwyd ydw i, a dyna fydda i am byth. Does dim bwys lle bydda i farw – adre yn nhir Dyffryn Clwyd fydda i'n cael fy nghladdu.

Yn fy arddegau, ro'n i ar dân isio gadael Dinbych a dod i lawr i Lundain i weithio. Nid ysfa i adael yr ardal oedd hyn. Awydd i ddysgu oedd o, a chael profiadau oedd ddim ar gael i fi yn fy milltir sgwâr. Am flynyddoedd wedyn, rhywle i fynd i orffwys bob rŵan ac yn y man oedd gogledd Cymru – cael dianc o brysurdeb y gwaith. Er mai Dinbych oedd 'adre' o hyd, Llundain oedd y ffocws.

Erbyn hyn, a finne'n cael mwy o amser i ymlacio a mwynhau bywyd, mae bod yn Gymro'n golygu llawer mwy i fi. Os wyt ti'n hapus yn dy groen, mae modd i ti weld be sy'n dda am y lle rwyt ti wedi dod ohono, a bod yn falch ohono. Dydi pawb ddim yn teimlo'r un fath, wrth gwrs. Mae fy nghariad yn dod o'r Alban, ond mae hi'r un mor gartrefol yn Llundain ag y mae hi yn ei dinas gartref, Glasgow. Er 'mod inne'n hoff iawn o'r lle, ac yn hapus iawn yna, dwi ddim yn meddwl y bydda i byth mor gyfforddus yn cerdded strydoedd Camden ag ydw i'n crwydro coedwigoedd Clwyd. Yng nghanol Llundain, os wyt ti'n edrych i fyny yn y nos, ti jest yn gweld golau'r stryd a thywyllwch digymeriad. Pan dwi adre, dwi'n gweld y sêr, y lleuad, a holl ryfeddodau'r byd.

Dwi wastad wedi brolio Cymru lle galla i, ond mi wnaeth un diwrnod yn 2013 agor fy llygaid i bwysigrwydd fy mamwlad yn fwy na dim byd arall. Y flwyddyn honno, roedd yr Eisteddfod Genedlaethol yn Ninbych. Roedd pobl yr ardal wedi bod yn paratoi ers sawl blwyddyn, wrth gwrs, ond yn Llundain, do'n i ddim yn ymwybodol o'r prysurdeb i gyd nes i mi gael llythyr yn fy ngwahodd i ymuno â'r Orsedd. Dyma ydi'r anrhydedd uchaf i unrhyw Gymro – cael cydnabyddiaeth gan dy bobl dy hun, a bod yn aelod o sefydliad sy'n cynnwys mawrion y genedl. Ro'n i wrth fy modd, ac yn edrych ymlaen at gael fy urddo yn ystod wythnos yr Eisteddfod. Yr hyn do'n i ddim wedi'i ragweld oedd pa mor emosiynol fyddai'r profiad. Hwn oedd un o ddyddiau gorau fy mywyd, ac roedd y dagrau'n agos i'r wyneb drwy'r dydd wrth i mi grwydro'r Maes. Roedd yr Ŵyl ar fy mhatsh i –

yn llythrennol. Ro'n i'n nabod y caeau a'r lonydd cefn lleol i gyd, ac roedd yn teimlo fel tase pawb o'n i erioed wedi cyfarfod â nhw wedi dod i'r Maes y diwrnod hwnnw.

Mae sawl gwedd wahanol ar fod yn Gymro. Mae'r wlad ei hun, yn amlwg, yn fendigedig. Dwi'n dal ddim wedi cael gafael ar y *camper van* yna i grwydro'r wlad, ond drwy ffilmio *Cegin Bryn*, dwi wedi cael cyfle i deithio o gwmpas y rhan fwyaf ohoni. Mae'r amrywiaeth ryfeddol o dirwedd a phobl drwy Gymru gyfan yn wych, a dwi'n teimlo fwy a mwy mai un gymuned fawr ydyn ni fel Cymry. Wrth yrru o Lundain, dwi'n gwybod 'mod i ar fin cyrraedd adre pan fydda i'n gallu cael Radio Cymru yn y car.

Penllanw Cymreictod i lawer o bobl ydi'r gemau rygbi rhyngwladol, ac i fi, mae'r penwythnosau hynny'n cyfuno cymaint o elfennau o fod yn Gymro – fy hoffter o'r gêm ei hun, balchder yn y tîm, cwmni ffrindiau, yr anthem a chanu alawon Cymraeg – dwi ddim yn meddwl byswn i'n gallu byw heb y *fix* yma, sy'n ticio'r bocsys i gyd. Bron iawn byswn i'n dweud bod yr hwyl yn y dafarn, yn canu'r hen ganeuon fel 'Elen, o Elen', 'Oes Gafr Eto?' ac 'Ar Lan y Môr' yn well na'r gêm ei hun – er bod fy llais canu i'n debycach i lyffant nag i un Bryn Terfel.

DIODYDD A JAM

GIN EIRIN BACH

DIGON I WNEUD TUA 1 LITR
500g eirin bach (*sloes*)
225g siwgr gwyn
gin i orchuddio'r cyfan

Defnyddiwch nodwydd lân i wneud tyllau dros yr eirin bach i gyd, yna rhowch nhw mewn potel.

Ychwanegwch y siwgr, ac yna arllwys *gin* dros y cyfan, gan wneud yn siŵr eich bod yn gadael modfedd dda o ofod rhwng yr hylif a thop y botel.

Seliwch y botel a'i hysgwyd yn dda.

Gadewch iddi sefyll mewn man lled oer, sych am 2 fis, ac ysgwyd y botel bob 5–7 diwrnod.

Pan fydd yn barod, pasiwch y *gin* drwy ridyll mân a'i weini.

JELI AFALAU SURION BACH

2kg afalau surion bach
(*crab-apples*) wedi eu golchi a'u
torri yn eu hanner
1 litr dŵr
siwgr

Rhowch yr afalau mewn sosban drom ac ychwanegu dŵr nes eu bod wedi eu gorchuddio. Mudferwch am awr neu nes bod yr afalau'n torri'n hawdd.

Arllwyswch y cyfan i fag jeli mân a gadael i'r sudd ddiferu drwodd i bowlen lân. Mae'n well gadael hwn dros nos. Peidiwch â gwasgu'r bag neu bydd eich jeli'n cymylu.

Pan fydd y cwbl wedi mynd drwy'r bag, mesurwch y sudd. Bydd angen 10 rhan o sudd i 7 rhan o siwgr.

Rhowch y sudd a'r siwgr mewn sosban a dod â nhw i'r berw yn araf. Mudferwch am 30–40 munud nes bod y jeli'n cyrraedd pwynt setio.

Y ffordd orau i weld a ydi o'n barod ydi rhoi llwyaid bach ohono ar soser, gadael iddo oeri fymryn a gwthio'ch bys drwyddo. Bydd yn crychu os ydi o'n barod.

Arllwyswch y jeli i jariau glân.

CORDIAL BLODAU'R YSGAW

DIGON I WNEUD 1 LITR
15 pen ysgaw (*elderflower*)
mawr
croen 2 lemon
1 litr dŵr
1kg siwgr caster
1 llwy de asid sitrig
  (yn ôl eich dewis)

Rhowch y pennau ysgaw a'r croen lemon mewn powlen fawr.

Dewch â'r dŵr a'r siwgr (a'r asid sitrig os ydych yn ei ddefnyddio) i'r berw a'u harllwys dros y blodau.

Gorchuddiwch a gadael iddo oeri am 24 awr.

Arllwyswch y gymysgedd i hidlwr wedi'i leinio â mwslin dros bowlen.

Plygwch y mwslin dros y cynnwys a rhoi pwysau ysgafn ar ei ben i ryddhau rhagor o hylif.

Gadewch yn yr oergell dros nos.

Blaswch y cordial i weld a oes angen mwy o siwgr. Yna arllwyswch o i mewn i gynhwysydd glân a'i gadw yn yr oergell. Bydd yn cadw am 5–7 diwrnod, neu gallwch ei rewi.

I weini, defnyddiwch ddwy ran o ddŵr i bob un rhan o'r cordial.

VODKA MWYAR DUON

1.1kg mwyar duon
100g siwgr
1 botel 70cl o *vodka*

Rhowch y mwyar duon mewn cynhwysydd mawr. Malwch nhw efo pen rholbren, yna ychwanegu'r siwgr a'r *vodka*.

Cymysgwch yn dda, yna rhannu'r gymysgedd rhwng dwy botel.

Seliwch y cloriau a gadael iddo sefyll mewn man lled oer, sych.

Ysgydwch y poteli bob 5–7 diwrnod.

Ymhen mis, blaswch y ddiod, ac os oes angen, ychwanegu ychydig yn rhagor o siwgr. Gadewch am fis arall cyn ei hyfed.

Pan fyddwch yn barod, arllwyswch y *vodka* drwy ridyll mân, ei roi mewn poteli sych a'u selio.

JAM EIRIN MAWR

1kg eirin mawr (*damsons*)
wedi eu haneru a'r cerrig
wedi eu tynnu
900g siwgr caster
sudd 1 leim

Rhowch y cynhwysion i gyd mewn sosban fawr a'u cymysgu'n dda. Gadewch iddyn nhw sefyll am 30 munud er mwyn i'r sudd ddod allan. Bydd hyn yn golygu na fydd angen ychwanegu dŵr er mwyn eu coginio.

Rhowch y sosban dros wres canolig a throi'n ofalus wrth i'r sudd ddod allan.

Ar ôl 2–3 munud, trowch y gwres i fyny'n uchel a chrafu unrhyw siwgr sydd ar ochrau'r sosban yn ôl i mewn i'r gymysgedd.

Berwch yn gyflym am 4–5 munud, gan droi'r jam o bryd i'w gilydd i'w stopio rhag llosgi yn y gwaelod.

Pan fydd y gymysgedd wedi cyrraedd 105–107°C, neu pan fydd yn dechrau setio, tynnwch oddi ar y gwres.

Gadewch i'r jam oeri cyn ei arllwys i jariau glân.

PORTH EIRIAS

Pan symudais i Lundain, y syniad oedd aros yno am flwyddyn. Doedd hi ddim yn fwriad gen i bryd hynny – a dydi hi ddim yn fwriad gen i heddiw – i fyw yna yn y tymor hir. Mae'n lle gwych i bobl ifanc, a faswn i byth wedi gallu cael yr un profiadau a'r un hyfforddiant yn unman arall, ond y nod bob amser oedd dod â'r hyn ro'n i wedi'i ddysgu 'nôl adre.

Pan ddaeth y cyfle i fod yn rhan o ddatblygiad ym Mhorth Eirias, Bae Colwyn, roedd yn apelio'n fawr. Cyngor Sir Conwy oedd y tu ôl i'r fenter, oedd yn cynnwys adeiladu canolfan chwaraeon dŵr ac adfer y traeth i fod yn lle braf i ymwelwyr. Y bwriad o'r dechrau oedd creu rhywle fyddai'n denu twristiaid a phobl sy'n mwynhau chwaraeon, yn ogystal â chynnig adnodd gwerth chweil i bobl leol ei fwynhau hefyd. Cafodd y ganolfan ei hagor yn 2013 gan y Prif Weinidog, a chyhoeddwyd y byddwn i'n agor *bistro* yno.

Efo prosiect fel hyn, dydi popeth ddim bob amser yn rhedeg yn llyfn, wrth gwrs, ac er 'mod i wedi gobeithio agor o fewn ychydig fisoedd, daeth nifer o drafferthion ar ein traws oedd yn golygu gohirio ac oedi. Roedd hyn yn dipyn o rwystredigaeth i bawb, ond dwi'n gredwr mawr mewn gwneud pethau'n iawn, ac ro'n i'n benderfynol o beidio â chyfaddawdu a rhuthro i agor jest er mwyn agor – byddai'n rhy hwyr i mi gwyno tase rhywbeth yn mynd o'i le wedyn. Roedd rhaid i bopeth fod yn iawn, a chyrraedd yr un safonau uchel â sy gen i yn Odette's.

Ond drwy'r holl oedi a'r trafferthion, roedd un peth yn ddiwyro, sef fy ffydd yn y prosiect. Wn i ddim sawl noson fues i'n gorwedd yn effro yn yr oriau mân yn trio rhoi trefn ar fy meddyliau gan fod cynifer o elfennau gwahanol yn gorfod dod at ei gilydd. Os oes rhywbeth yn chwarae ar fy meddwl, y lle gorau gen i fynd i fyfyrio ar y broblem ydi'r gawod. Does dim *distractions* pan wyt ti yn y gawod – neb yn galw, neb yn ffonio neu ebostio; ti ar dy ben dy hun a ti'n cael llonydd. Erbyn i mi fod yn y gawod mor hir nes bod y dŵr yn rhedeg yn oer, bydda i wedi datrys y broblem fel arfer. Do, mi ges i sawl cawod hir wrth gynllunio Porth Eirias, ond roedd pob problem yn her, a daeth ateb cadarnhaol i bob un yn y pen draw.

Roedd rhai pobl yn amheus am 'mod i isio agor ym Mae Colwyn, ac yn holi beth oed yn fy meddwl – o'n i'n cael fy arwain gan fy nghalon neu fy mhen? Ai chwiw sentimental oedd fy awydd i agor bwyty yng Nghymru? Mae'n deg dweud mai fy nghalon ddenodd fi at y syniad – y cyfle i 'ddod yn d'ôl' i'r gogs, ond dydw i ddim yn ffŵl. Fel unrhyw fusnes arall, dydi hi ddim yn bosib rhedeg tŷ bwyta ar ddyheadau a gobaith – mae'n rhaid iddo sefyll ar ei draed ei hun. Roedd hi'n hollbwysig o'r dechrau, felly, ein bod ni'n trin ein cwsmeriaid ym Mae Colwyn yr un fath â'n cwsmeriaid yng nghanol Llundain, a'r un safonau uchel, o'r gegin i'r plât.

Fel yn Odette's, y bwyd a'r cynnyrch ydi'r pethau pwysicaf, ond mae natur yr ardal yn wahanol iawn i Primrose Hill, ac mae'r hyn sydd ar gael ym Mhorth Eirias yn llawer mwy amrywiol. Gan ein bod ni'n agor amser brecwast, a bwyd ar gael drwy'r dydd a gyda'r nos, mae angen gwahanol fwydydd ar wahanol adegau o'r dydd – o facwn ac wy am naw y bore i bryd llawn efo stêc neu fwyd môr gyda'r hwyr. O'r dechrau, mi wnes i benderfyniad i brynu cymaint â phosib gan gyflenwyr lleol, yn enwedig pysgod a bwyd môr o'r ardal – a lle allai fod yn well i'w weini nag ar lan y môr?

Yn Llundain, mae Odette's yn dŷ bwyta, a dim ond tŷ bwyta. Ym Mae Colwyn, y bwriad ydi denu'r gymuned leol i mewn a bod yn rhan o'r gymuned honno. Dwi'n awyddus iawn i feithrin awyrgylch anffurfiol, hamddenol, a bod pobl yn galw heibio am baned a chacen neu'n picio i mewn am rywbeth cyflym ar eu ffordd i'r traeth, yn ogystal â dod allan am bryd mwy sylweddol gyda'r nos. Mae'r safle hefyd yn cynnig ei hun i ddigwyddiadau mawr, fel gwledd o gimwch ar ddiwedd yr haf, neu griw yn mynd i nofio ar Ŵyl San Steffan neu fore Calan.

Hyd yn oed cyn i ni agor, roedd *buzz* am y lle. Gan fod cymaint o ddisgwyl wedi bod, a phawb yn holi byth a hefyd pryd oedden ni'n mynd i agor, benderfynon ni gael agoriad tawel – *soft launch* – yn hytrach na ffanffer fawr. Y syniad oedd i bobl ddeall ein bod ni yno'n raddol bach, a dod i arfer efo ni fesul tipyn. Nid fel 'na ddigwyddodd hi. O fewn dim i agor y drws, roedd sôn amdanon ni ar y cyfryngau cymdeithasol, a dechreuodd y ffôn ganu ... a chanu ... a chanu, a phawb yn awyddus i archebu bwrdd. Erbyn diwedd y diwrnod cynta, roedden ni'n llawn am y mis cynta. Roedden ni wedi disgwyl gwneud bwyd i ryw gant o bobl ar y diwrnod cynta, ond dyblwyd hynna, gyda dau gant o *covers*.

Efo'r dechrau addawol yma i'r fenter, roedd y cyfan yn werth yr holl boeni a'r gwaith caled. Ro'n i mor falch o fod yn gallu gwireddu breuddwyd a chynnig cyfleoedd gwirioneddol i bobl ifanc, frwd yn yr ardal, fel y rhai ges i ar hyd yr amser, er 'mod i wedi gorfod gadael Cymru, wrth gwrs. Mae llawer o'r bobl dwi'n eu cyflogi'n ifanc – rhai yn syth o'r coleg – ac mae gen i ddwsin o *chefs* o dan un ar hugain oed.

Mae dechrau unrhyw fenter yn risg, waeth pa mor galed mae pawb yn gweithio, a pha mor ofalus wyt ti'n cynllunio popeth. Yr her, ar ôl agoriad mor llwyddiannus,

ydi parhau â'r safon, cynnal ewyllys da a gwneud yn siŵr nad oes neb yn eistedd yn ôl a llaesu dwylo.

Efo dau dŷ bwyta, y risg i fi ydi peidio gallu bod mewn dau le yr un pryd. Mae llawer o bobl yn dod i Odette's ac yn disgwyl fy ngweld i yno, gan fynd yn reit flin weithiau os nad ydw i yn y gegin. Ond dydi'r ffaith nad ydw i yno drwy'r dydd, bob dydd, ddim yn golygu nad ydw i'n gwybod beth sy'n digwydd yno. Mae wedi cymryd blynyddoedd i fi adeiladu tîm da. Erbyn hyn, dwi'n gallu ymddiried ynddyn nhw i redeg y lle yn y ffordd dwi isio. Dyna ydi pwynt tîm – pawb yn chwarae ei ran. Does dim pwrpas i ti benodi pobl wych i weithio i ti a wedyn sefyll wrth eu hysgwydd bob dydd i wneud yn siŵr fod popeth yn mynd yn iawn. Mae'n rhaid i ti gamu'n ôl a rhoi rhyddid i'r bobl rwyt ti'n ymddiried ynddyn nhw i wneud eu gwaith, a thyfu i mewn i redeg y busnes. Gorau po fwyaf o bobl sy'n dallt sut mae'r busnes yn gweithio, achos nhw ydi'r bobl sy'n dod â syniadau i'w wella a'i ddatblygu. Dwi'n ffodus iawn fod y ddau dîm bellach, yn Odette's a Phorth Eirias, yn bobl fedra i ddibynnu arnyn nhw.

Dydi hynny ddim yn golygu 'mod i'n llaesu dwylo – i'r gwrthwyneb. Dwi'n trio 'ngorau i rannu fy amser yn deg rhwng y ddau le, ac mae hynna'n gweithio'n dda. Dwi'n mwynhau teithio'n ôl a mlaen, a dydi'r daith ei hun ddim yn wastraff amser chwaith. Roedd un o weithwyr cwmni Virgin Trains wedi sylwi 'mod i'n teithio ar y trên o Lundain i ogledd Cymru'n aml yn ystod cyfnod sefydlu Porth Eirias. Cysylltodd y cwmni â fi i holi a fyddai gen i ddiddordeb mewn darparu bwydlen i'w teithwyr dosbarth cyntaf rhwng Llundain a gogledd Cymru. Wel, pam lai? Bues i'n trafod efo nhw, a dyfeisio bwydlen addas i'r teithwyr, ac mae'r bwyd yn cael ei goginio yn y fan a'r lle. Yn amlwg, nid fi sy'n gwneud y coginio ar bob trên, ond mi fydda i'n gwneud pryd bynnag daw cyfle wrth fynd yn ôl a mlaen i Lundain. Dydi coginio ar drên ddim mor hawdd â gweithio mewn cegin bwyty, ond dwi'n mwynhau gwneud rhywbeth ychydig yn wahanol.

Porth Eirias ▶
(tudalennau 113, 116–117, 119 a 120)

Y CYLCH YN GYFLAWN

Heblaw bod angen mwy o oriau yn y dydd a mwy o ddyddiau yn yr wythnos, mae bywyd yn dda. Ar ôl agor y bwyty ym Mhorth Eirias, dwi'n teimlo 'mod wedi cyflawni sawl uchelgais oes. Yn un peth, dwi wedi gallu dod 'yn d'ôl' i fy ardal fy hun, a thrwy wneud hynny wedi creu cyfleoedd gwaith a hyfforddiant i bobl ifanc yn yr ardal.

Ychydig cyn i'r bwyty agor, roedd Nain yn dathlu ei phen-blwydd yn gant, ac yn ôl ein harfer, daeth y teulu cyfan at ei gilydd. Gan fod hwn yn ben-blwydd mor bwysig, gwnaeth pawb ymdrech arbennig, ac fe gawson ni barti gwerth chweil, a chant saith deg o deulu a ffrindiau agos yn rhan o'r dathliadau. Roedd yn un o'r dyddiau yna y byddwn ni i gyd yn ei gofio am byth, ond rai dyddiau'n ddiweddarach, cafwyd te prynhawn dipyn tawelach oedd yr un mor bwysig, os nad yn bwysicach, i fi'n bersonol. Ro'n i wastad wedi gobeithio byse Nain yn gallu dod i Odette's, ond am un rheswm neu'r llall, dydi hynny ddim wedi bod yn bosib – chware teg, roedd hi eisoes yn ei nawdegau pan ddechreuais i yno. Ond y diwrnod cyn i ni agor ym Mhorth Eirias, daeth Nain yno am de prynhawn. Roedd yn amlwg o'r olwg ar ei hwyneb ei bod hi wedi mwynhau, ac ro'n i mor falch ei bod hi wedi gallu dod i dŷ bwyta dwi'n ei redeg o'r diwedd, ac mai fi oedd yn gweini cacenni iddi hi am unwaith.

Yna, ryw wythnos ar ôl i ni agor, mi ges i ebost gan Alwyn Thomas, y dyn oedd wedi dechrau'r cwbl 'nôl yn y becws yn Ninbych. Yn dawel bach, heb ffŷs na dweud dim wrth neb, roedd Alwyn wedi bod i Borth Eirias i gael bwyd. Yn anffodus, do'n i ddim yno'r noson honno i'w groesawu, ond roedd o wedi mwynhau, ac yn sgwennu ata i longyfarch.

Mae'r ffaith fod Nain ac Alwyn wedi bod yn y bwyty, ac yn bwysicach na hynny, wedi mwynhau, yn gwneud i fi deimlo 'mod i wedi llwyddo. Wrth gwrs, dwi'n awyddus iawn bod pawb sy'n dod yno'n cael amser da, ond mae plesio'r ddau yma'n meddwl y byd i fi. Mae'r cylch yn gyflawn.

Wn i ddim beth fydd yr antur nesa. Mae rhywbeth yn siŵr o godi, a chyhyd â mod i'n cadw'n ffyddlon i fy egwyddorion, sef paratoi bwyd o ansawdd uchel gyda chynhwysion da, mae unrhyw beth yn bosib.

BWYD TU ALLAN

Gallwch chi baratoi'r rysetiau yma ar gyfer unrhyw achlysur mewn unrhyw leoliad
lle mae'n ddiogel i wneud hynny – yr ardd gefn, glan y môr neu faes picnic.

LANGOUSTINES A MENYN GARLLEG

DIGON I 4
6 *langoustine* mawr
100g menyn
2 ewin garlleg wedi eu torri'n fân
sudd a chroen 1 lemon
1 llond llaw persli wedi'i
    dorri'n fras
halen a phupur

Cynheswch y barbeciw.

Toddwch y menyn, ychwanegu'r garlleg a'i dynnu oddi ar y gwres.

Torrwch y *langoustines* yn eu hanner ar eu hyd. Ychwanegwch halen a phupur i flasu, a'u rhoi ar y barbeciw a'r ochr agored i lawr am 3 munud.

Gratiwch groen y lemon a'i ychwanegu at y menyn, ac yna'r persli.

Rhowch y *langoustines* ar blât gweini mawr, gwasgu sudd y lemon drostyn nhw ac arllwys y menyn dros y cyfan.

Bwytewch nhw tra eu bod yn dal yn boeth.

CYTLEDI CIG OEN

DIGON I 4
12 cytled cig oen

Y MARINÂD
halen a phupur
pinsiad o gwmin
pinsiad o bowdr sinsir
1 llwy fwrdd mêl
1 llwy fwrdd saws soi

Cynheswch y barbeciw.

Cymysgwch gynhwysion y marinâd efo'i gilydd a throi'r cytledi ynddo.

Coginiwch am 3 munud bob ochr.

Daliwch i frwsio'r cytledi efo'r marinâd sydd dros ben tra eu bod yn coginio.

Gweinwch y cig yn binc.

126

MECRYLL WEDI'U GRILIO

4 macrell mawr (heb eu
  perfedd, a'r pennau wedi
  eu tynnu)
halen a phupur
1 bwlb ffenigl wedi'i sleisio'n
  denau
1 *chilli* coch wedi'i dorri'n fân
  sudd a chroen 1 lemon
  olew rêp

Cynheswch y barbeciw.

Rhowch halen a phupur dros y pysgod a rhwbio ychydig olew rêp dros y croen.

Rhowch nhw ar y barbeciw a'u coginio am 2–3 munud bob un ar y ddwy ochr.

Cymysgwch y ffenigl efo'r *chilli*, croen y lemon wedi'i gratio, sudd y lemon ac olew.

Gweinwch y mecryll a'r salad wrth eu hochr.

DIOLCHIADAU

Prin fod angen dweud bod angen tîm bob cam ar hyd y ffordd i greu llyfr. Felly dyma fy nhîm i. Diolch i:

Gordon a Jacquie am eich holl gymorth, ac i weddill y tîm yn Curtis Brown

Elinor am wneud y cyfan yn bosib, a phawb yn Gomer – gobeithio gallwn ni wneud o eto cyn hir

Luned am dy holl waith – dod â phawb at ei gilydd, dweud wrthon ni pryd i fod yn lle, a bod ar ben arall y ffôn ddydd a nos

Catrin – diolch am roi'r cyfan ar bapur a gwneud synnwyr o bob dim oedd gen i i'w ddweud. Byddai rhai'n dweud bod hynny'n amhosib, ond gwnest ti iddo edrych yn hawdd

Warren – beth alla i ddweud? Mae lluniau'r bwyd yn tynnu dŵr o'r dannedd, ac yn edrych yn union fel o'n wedi'i ddychmygu, a dy luniau o dirwedd y wlad dwi'n ei charu'n wych. Faswn i ddim wedi gallu gofyn am well

Annie am wneud i'r rysetiau edrych yn ddigon da i'w bwyta, ac i Kathryn am drefnu pob dim mor rhwydd

Alan a Lisa a phawb yn Aboud Creative. Diolch am ddod â phopeth at ei gilydd a chreu'r dyluniad a llif arbennig drwy'r llyfr

Jaime, Will, Poku, Dave, Ryan a'r tîm yn Odette's, ac i'r tîm newydd ym Mhorth Eirias. Heb eich help, eich cefnogaeth a'ch gwaith caled chi, faswn i'n ddim, felly diolch anferth i chi i gyd

Gareth a Siôn – sori am yr hen luniau teulu, doedd gen i ddim dewis, ges i 'ngorfodi i'w rhoi nhw i mewn

Shar and Mist am yr holl hwyl o gwmpas y bwrdd cinio

Mam a Dad – 'da chi'n rhieni gwych. Heb yr hwyl, y gefnogaeth, yr arweiniad a'r cariad ges i ganddoch chi'ch dau, fyse dim o hyn wedi bod yn bosib.

MYNEGAI'R RYSEITIAU

MYNEGAI'R RYSEITIAU